我们都是数据控

——用大数据改变商业、生活和思维方式

蔡余杰 著

人民邮电出版社
北 京

图书在版编目（CIP）数据

我们都是数据控：用大数据改变商业、生活和思维方式 / 蔡余杰著. -- 北京：人民邮电出版社，2016.8（2017.6重印）
ISBN 978-7-115-43301-5

Ⅰ. ①我… Ⅱ. ①蔡… Ⅲ. ①数据处理－应用－企业管理－研究 Ⅳ. ①F270.7

中国版本图书馆CIP数据核字(2016)第173077号

内容提要

在大数据时代，数据驱动着像智能手环、智能血压仪、扫地机器人这样的智能设备，给我们的生活带来了极大的便利；数据支撑着云计算、物联网、个性化定制这样的新技术、新手段，给商业带来了新风貌；数据还改变了我们的思维方式，让我们更加善于挖掘、分析数据，通过数据解决诸如交通拥堵等社会问题。

本书列举了商业和生活各个领域中有关大数据分析与决策的经典案例，并进行了深入剖析。例如，淘宝网为什么比你还了解自己的消费习惯和消费行为，高德地图为何能够根据高速公路交通事故数据对高速公路路况进行准确预测，珍爱网如何利用大数据为“优单女”找到合适的另一半，等等。这些案例证明了大数据背后蕴藏着巨大的价值。

本书适合广大对大数据感兴趣的读者阅读，也可作为高等院校相关专业师生的参考读物。

◆ 著　蔡余杰
责任编辑　张国才
执行编辑　徐晓菲
责任印制　焦志炜
◆人民邮电出版社出版发行　北京市丰台区成寿寺路 11 号
邮编 100164　电子邮件 315@ptpress.com.cn
网址 http://www.ptpress.com.cn
北京京华虎彩印刷有限公司印刷
◆开本：700×1000 1/16
印张：10.5　2016 年 8 月第 1 版
字数：150 千字　2017 年 6 月北京第 3 次印刷

定　价：35.00 元
读者服务热线：（010）81055656　印装质量热线：（010）81055316
反盗版热线：（010）81055315
广告经营许可证：京东工商广登字 20170147 号

前言

近年来，“大数据”的概念逐渐深入人心。人们对大数据的了解越来越多，谈论得越来越多，因此“大数据”不再只是一个出现在专业人士口中或者专业媒体上的生僻词语。可以说，大数据已经走进了我们的生活，并深刻地改变着我们的思维和生活方式。

大数据的价值被不断地挖掘出来，人们随之改变了以往的思维模式，尝试用数据思维解决问题。有些时候，我们不再探究事物之间的因果关系，而是寻求事物之间的关联关系。只要知道某个事物的数据，就可以预测另一个相关事物的变化趋势。例如，电商巨头亚马逊就是一家率先利用数据思维解决问题的公司。

亚马逊利用大数据技术，通过用户之前的点击记录和购物信息来预测用户未来想要购买什么商品。亚马逊精准地向用户推荐书籍和其他商品，而用户的购买率也很高。据统计，推荐商品所产生的收入，占到亚马逊总收入的 1/3，由此可见大数据蕴含的巨大商业价值。大数据不仅为企业创造了价值，也为用户创造了便利，用户可以更加轻松、快速地找到自己需要的商品。

除了购物，大数据还可以应用在很多方面。谷歌能够利用数据模型预测出冬季流感即将爆发，这样我们就可以提前采取预防措施，避免生病并减少疾病的传播。微软利用大数据预测出了24项奥斯卡奖项，其中有21项完全正确。乔布斯曾花费几十万美元获得了自己全部的DNA数据，他的医生根据其DNA数据按需用药，最终让乔布斯的生命延长了数年时间。

一些智能手机厂商推出的手机，可以让家长随时随地查看孩子在幼儿园玩耍、上课、吃饭、睡觉的情况，确认孩子是否安全。有些学校持续地收集学生的作业完成情况、测试成绩等数据，并反馈给任课老师，最终有效地提高了教学效果。

智能手环可以让我们随时查看自己的睡眠、运动、心率、血压等数据，从而及时了解自己的健康状况。上班族在乘坐公交车之前，只要打开智能公交APP“车来了”，就能快速、准确地获得公交车何时到站的信息。滴滴出行利用大数据为用户匹配距离其最近的车辆，从而让用户在最短的时间内打到车。

类似的例子数不胜数，由此可见，我们都是数据控，我们都在自觉、不自觉地利用大数据。我坚信，未来谁拥有数据思维，谁能用好大数据，谁就可以改变自己和别人的生活，成为新时代的弄潮儿。

最后，需要特别说明的是，作者在创作本书的过程中，得到了众多朋友的大力支持，他们提供了部分有价值的素材，以及诸多有益的建议。他们分别是陈龙海、郭彦宏、安睿、朱蕊、罗时迁、钟海平、罗飞丽、陈选燕、陈龙武、李玫诺、曹珊、胡月然等，在此向本书的所有贡献者一并致谢。

目录

上篇　数据的魅力与魔力

中篇　数据生活与思维

上篇　数据的魅力与魔力

数据本身并不具有价值，其价值体现在深度挖掘用户需求与预测能力上。在移动互联网时代，我们要拥有互联网思维；在大数据时代，我们则要拥有大数据思维。只有随着时代的推移不断改变自己的思维模式，才能生存下去，并创造更美好的未来。

第一章
大数据就在我们身边

随着相关技术的不断成熟，大数据已经渗透到了我们生活中的诸多方面。在医疗方面，我们利用大数据可以预测流行性感冒，还可以获得自身基因数据，进而按需用药，提高疗效；在购物方面，我们利用大数据可以买到性价比最高的商品；在健康方面，我们利用大数据可以随时检测自己的身体健康状况；在出行方面，我们利用大数据可以实时了解路况，从而避开拥堵路段；在旅游方面，我们利用大数据可以获得最佳的旅游线路；在治安方面，我们利用大数据可以预测出刑事案件发生的概率。这些都让我们深深地感受到了大数据的巨大能量，大数据就在我们身边。

每个人既是数据的创造者，也是受益者

在自媒体时代，人人都是自媒体。在内容创业时代，人人都是内容

的创造者。在大数据时代，每个人既是数据的创造者，也是受益者。

天脉聚源传媒科技有限公司首席运营官林毅曾经在“大数据与互联网金融”分论坛上说道：“每个人都是数据的创造者。”之后，他通过一个幽默的话题来加以说明。他说：“妈妈和老婆的电话，你哪个回得快？”在座的嘉宾平时并没有在意这个，都摇头。林毅说：“这个问题的答案很容易找到，只要你持续一年采集你的电话通话记录，就可以获得准确的答案。”这说明我们平时打电话也会产生很多数据。

现在，我们只要上网就会产生很多数据。我们每点击一次鼠标、触摸一次屏幕都会产生数据。我们只要浏览购物网站，就会在上面留下包括浏览过的店铺、浏览过的商品、收藏的商品、放入购物车的商品等数据。如果决定购买商品，我们还会留下手机号、住址、姓名，甚至银行卡账号。收到货之后，我们会再次上购物网站进行点评，反馈自己对于此次网购是否满意。一次简单的网购，我们就会产生海量的数据。

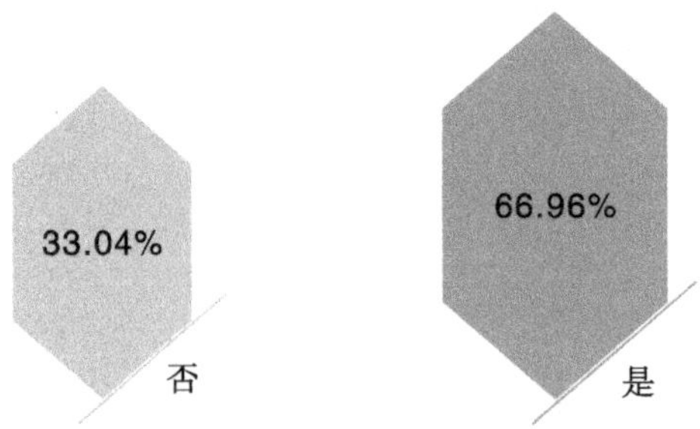

对于“是否会在网上购买日常用品”这个问题，33.04%的人回答为“否”，66.96%的人回答为“是”。

针对“是否会在网上购买日常用品”这个问题的调查结果

第一章
大数据就在我们身边

百度是我们平时常用的搜索工具。在百度上进行搜索，可能会留下我们的需求、身体状况、年龄等数据。比如，用户在百度里搜索“颈椎病”，百度能够在1秒之内为用户提供颈椎病的相关知识。再比如，我们打开爱奇艺网站搜索，则会留下影视类别、影片名称、导演、演员、视频点击次数、停留时间、快进、回放、收藏、下载、评论、分享、邀请、评分等数据。可见，我们在计算机和手机上会产生数不胜数的数据。

我们每个人也是数据的受益者。也许你会反驳此观点，说你没有从自己产生的数据中获得益处，反而使自己的隐私泄露了，生活受到了很多困扰，如推销保险和贷款的骚扰电话。事实的确如此，随着大数据技术的普及，人们的隐私越来越难以保护，这给人们的生活带来了许多负面影响。但是，我们要客观地看待大数据，要充分肯定它为我们带来的益处。

大数据让企业受益匪浅。浪潮集团董事长孙丕恕说：“企业是大数据的受益者，消费者也是大数据的受益者，而且是大数据的最终收益者。”他强调，每个人每天都在享受着大数据带来的实惠，并以旅游行业为例进行了说明。人们在旅游旺季外出旅行时常常会遭遇道路拥堵、景区拥挤、上厕所排长队等痛苦。这时，人们非常渴望有一个信息平台能实时显示路况、景区的人口流动情况。这能让人们方便地获得旅游信息，进而合理地安排旅游行程，尽情享受旅游带来的乐趣。同时，景区管理者获得旅客的信息后就可以有效采取应对措施，避免景区游客过于集中，从而更好地服务游客。这就是大数据给我们带来的好处。

众所周知，购物网站获得了用户数据就可以为用户提供更好的服务。

比如，淘宝网利用用户大数据可以了解到用户喜欢的产品，从而为用户进行有针对性的推荐。用户再次打开淘宝网时，就能一眼看到自己想要搜索的商品，这为用户节省了时间。再比如，天猫超市会根据用户的收货地址为用户匹配最近的仓库发货，从而让用户在最短的时间内收到货物，这大大提升了用户的网购体验。可见，在大数据时代，我们每个人既是大数据的创造者，也是受益者。

新时代的“名侦探柯南”

大数据的应用范围越来越广，它不仅可以应用于商业，还可以应用于城市交通，甚至还可以应用于社会治安。警察利用大数据成功破案的事例数不胜数，因此，大数据被人们誉为新时代的“名侦探柯南”。

吉林女民警董艳珍仅仅依靠罪犯留下的足迹就能破案，她被人们誉为“足迹专家”。

在《挑战不可能》舞台上，董艳珍向人们展现了其侦察绝技。她仅仅凭借四胞胎的足迹，短短几个小时便从15个蒙面小孩中识别出同卵四胞胎，令全场的人震惊不已，“华人神探”李昌钰也对其佩服得五体投地。毫无悬念，她夺得了《挑战不可能》的冠军。美国同行得知此事后，也通过李昌钰邀请董艳珍协助破案。

其实，董艳珍出色的侦察能力的背后正是大数据。首先，她记录下四胞胎的足迹数据，然后分析足迹数据，获得了四胞胎的走路姿势、腿型、是否含胸等数据。然后，她让蒙面的小孩一起走，挑出绝对不可能的。接着，她把十余个孩子分成四人一个小组，不断地挑出绝对不可能的。随着人数越来越少，识别的难度越来越大。现场的每一位观众的神经都高度紧张，都攥紧了拳头。经过数个小时的艰难挑战，董艳珍最终成功识别出了同卵四胞胎。截至夺冠之时，董艳珍根据罪犯足迹侦破的刑事案件超过了 1 500 起。董艳珍因此获得了“女福尔摩斯”的称号。其实，她超强的侦察能力正是得益于大数据。

如今，警方越来越重视大数据，并将其应用于警务工作当中。国内外的警察都在积极地利用大数据来侦破棘手的案件。

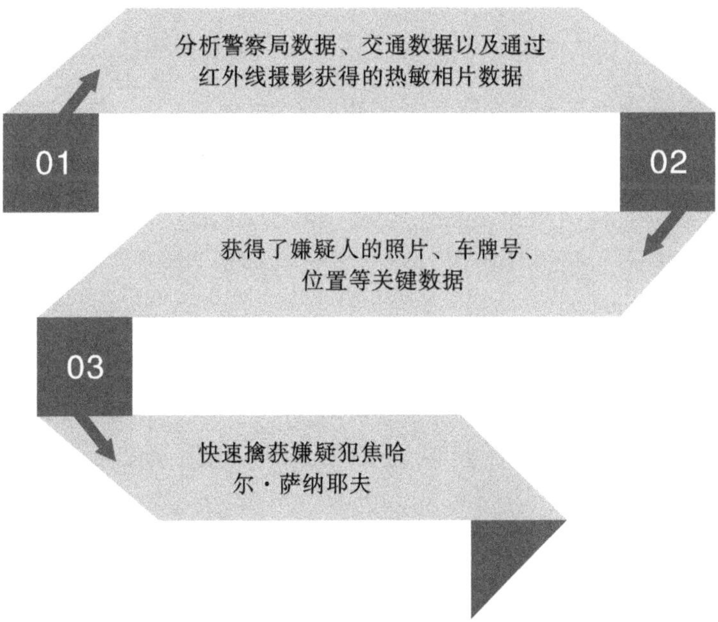

波士顿马拉松赛爆炸案在大数据的协助下得以快速侦破

美国警方在波士顿马拉松赛爆炸案中就充分利用了大数据技术，使得该案得以快速侦破。波士顿马拉松赛爆炸案造成3人死亡，150多人受伤，给当地的民众造成了严重恐慌。波士顿警察局以及美国联邦调查局的首要任务就是快速破案，还公众一个安全的环境。要想早日消除公众的恐慌心理，就必须在最短的时间内侦破此案，向公众证明警察的侦查能力。波士顿警察局利用红外线拍摄技术、定位技术，不断地锁定嫌疑犯，终于在案发三天之后，擒获了焦哈尔•萨纳耶夫。这件轰动全球的恐怖爆炸案件宣布破获，使公众的恐慌心理得以快速消除，也有力地证明了波士顿警察局的破案能力。

国内的警察也在利用大数据协助破案。西安市公安局刑侦局刑警王悦十分擅长利用大数据侦破案件。他身怀数据破案绝技，参加了全国公安全警种科技比武大赛，层层过关斩将，成为了西北五省唯一入围决赛的选手，并最终在决赛中夺得冠军。

刑警王悦出生于1989年，人们很难把他与“拥有丰富的破案经验”联系在一起。短短三年时间内，他坐在办公桌前就侦破了121起案件，抓获了97名嫌疑犯。他是如何做到的呢？

他的主要工作是刑侦信息研判，即坐在计算机前从海量的犯罪信息中探寻串并案，以及不同案件之间的联系，从中获得破案线索。

他在夺得全国公安全警种科技比武大赛冠军后说，决赛是两道主观题，一道是全国跨区域团伙系列案件，另一道是公安部正在督办的案件。比赛要求选手在一个小时内通过计算机、人脑分析案件，找出罪犯，并且要提供充足的证据。要想破获这两个案件，关键是要把自己的破案经验和大数据技术结合起来，用有限的线索串成一整条线索链。

在破案过程中，他常常要借助27个平台的信息资源，包括西安市公安局全息作战平台、西安公安网络平台、陕西公安网络平台等，涉及刑侦、治安、交管、禁毒、刑侦等方面的信息。由于身处刑侦信息研判员的特殊职位，他每天首先要关注本地发现的案件，然后要利用不计其数的数据进行分析，串并、比对案件，接着找到破案线索，最后把线索变成指令，请求基层侦查单位破案。

深入了解王悦，就会发现他的刑侦绝技就是大数据。随着工作经验的不断增加，他不断积累破案数据，并研发出了一整套刑侦秘籍，那就是数据流转加工、研判以及预警。他利用这一套刑侦秘籍指导破案，获得了显著的成效。

利用大数据打击犯罪活动也被政府提上了议事日程。

2016年的全国“两会”上，有政协委员提议加强网络共享，利用大数据破案抓贼。现在的犯罪活动越来越智能化、跨区域、技术化，令人防不胜防。因此，利用大数据等高科技打击犯罪活动成为了警务部门的选择。警察基于以往案件数据、地理、人口、消费习惯等数据，不仅可以侦破棘手的案件，还能预测未来某个时段某个区域发生犯罪事件的概率。这有助于警察提前采取措施，快速抓获罪犯，最大程度地保护民众的生命财产安全。有了大数据作支撑，警察“捉贼”可研判，破案有“地图”。所以，为了加强社会治安，有关部门应该早日出台网络共享之策。网络共享应该从与民众生活关系密切的水电煤气、房屋产权、社保医保、医疗卫生、公路、铁路、民航等方面的信息入手，提取其中的社会面信息资源，将数据统一接入。

上述建议并不是纸上谈兵，而是受到了很多大数据破案事例的启发。大数据不仅可以协助警察快速找到破案线索，还能帮助警察快速锁定犯罪嫌疑人，甚至能提前预测出某地域的犯罪事件发生概率。所以，我们要不断地促进大数据与警务工作融合，积极、主动地把大数据技术纳入日常警务工作中，弥补警力的不足，让大数据这位“神探”保护我们的安全。

让我们来一场说走就走的旅行

随着大数据时代的到来，越来越多的行业开始转型升级，其中就包括旅游业。随着经济的不断发展，人们的生活水平也大幅度提高，这使得人们对于生活质量的要求不断提高，人们对旅游的需求越来越强烈。值得庆幸的是，众多旅游平台如雨后春笋般涌现，为人们的旅行带来了极大的便利。人们通过旅游平台可以获得一条龙服务，包括旅游线路、交通工具、食宿等。只要你想，就可以来一场说走就走的旅行。

旅行已经不再是奢侈的享受了，它更能体现现代人的生活情趣。随着“互联网＋旅游”的兴起，人们有了越来越多的旅行选择，我们可以提前规划好旅游路线，选择适合自己的旅游方式以及旅游地点。

通过移动互联网，我们可以看到其他旅行爱好者的感悟以及建议，这样我们就能更好地选择适合自己的旅行路线。任何消息都可以通过互联网得知，如哪个旅游团的导游态度不好，哪个旅游团的安排不周全，哪里有更好玩的地方。

2015年10月7日，腾讯大数据显示：国庆节期间，全国旅游民众有21%选择跨地市出行，其中有47%的民众选择远途出游，其余53%的民众选择就近游玩。往年关注哪里人流量最多、哪个时间段人流量最少等问题的游客很多，而今年却很少，他们不用再担心所到旅游景点人山人海。因为微信服务“城市热力图”已经正式上线，游客可以通过它解决相关问题。“城市热力图”充分利用了大数据，为大家提供了准确的人流分布信息。

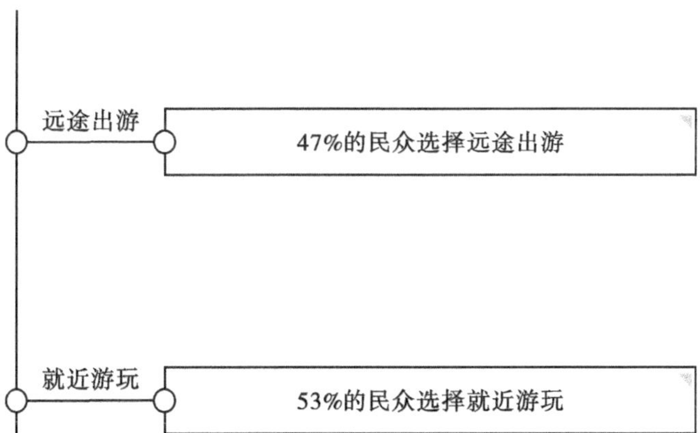

2015年国庆节期间跨地市出行的两大类游客

每逢假日，总会有很多人出门旅游。大家在旅行之前都会关心旅游景区的交通、住宿等情况。如果你爱热闹，可以去人多的旅游景点；如果你喜欢清静，可以去人少的旅游景点。那么，如何才能让自己如愿以偿呢？大数据就能够很好地帮助你解决这个问题。有了大数据，我们就可以提前知道旅游景点的所有情况。

很多旅游平台都会根据自己掌握的数据来预测旅游景点的“冷热”、交通拥堵程度、住宿的紧缺情况等，供游客合理选择旅游目的地和旅游线路。比如，高德地图就为用户提供了春节期间与旅游相关的重要数据。

2016年2月初，高德地图与全国多家交通管理部门联合发布了《2016年春节出行预测报告》。该报告显示，春节期间游客最多的景区是杭州西湖，而排在前十名的另外九个景点依次是江西上饶的鄱阳湖、杭州千岛湖、大理古城、北京奥林匹克公园、丽江古城、青岛崂山、湖北武当山、湖南凤凰古城和浙江雁荡山。春节期间，全国出行人数最多的前五个火车站依次是上海虹桥站、广州南站、上海南站、上海站和北京站。

另外，高德地图还根据高速交通事故数据对旅行用户关注的高速路况进行了预测。它预测出了春节期间最容易发生交通事故的“魔鬼路段”，其中货车多、上下坡、山区、隧道这些路段容易发生交通事故，司机要特别当心。

通过高德地图提供的数据，我们可以提前做好安排。那些计划乘坐火车去杭州西湖的游客，一定要做好拥挤的心理准备。那些计划开车旅行的游客，一定要在浙江、江苏、山东的高速路段上小心驾驶。显然，这些数据能够让人们合理地选择旅游路线、交通工具，从而度过一个愉快的假期。

第二章

我们必须知道数据的潜在价值

数据对每个人的意义是不同的。当你面对“数据的潜在价值是什么”这个问题时，你却不知道该如何回答，那么就算给你再多的数据，你也无法取得成功。首先，你只有知道自己想要什么，才能有针对性地挖掘大数据中的信息；其次，当你通过分析数据得到想要的信息时，你要知道下一步应该做什么；最后，你要探究最真实的数据信息，同时也要了解收集数据时的场景是什么。

最难做到的不是得到信息，而是识别大数据中每一个小数据所蕴含的信息。

大数据蕴含着大宝藏

时代不同，价值的体现方式也不同。在以往的年代，产品的价值主要体现在它的功能上；在大数据时代，产品的价值还包括它所产生的交易数据、用户反馈信息等。这些数据对企业的发展很有价值。一些企业将这些数据视为至宝，为了获取它们不惜大幅降低产品利润。

有人把大数据比喻成煤矿，也有人把它比喻成珠宝，因为这些物质都需要被人挖掘。实际上，大数据蕴含着不可估量的大宝藏，而你能获得多少价值完全取决于你对宝藏的挖掘程度。

现在有很多企业会制订一些销售计划，而这些计划都是有针对性的。比如，美国有一家创新企业可以帮助人们作出购买决策，帮助消费者制定“什么时候该买什么产品，什么产品在什么时间最便宜”的购买策略，并提供给消费者该产品的价格趋势。这些信息都是根据大数据分析得来的。它提供这些信息的目的是为了给消费者省钱，并节省他们的购物时间。该企业的这种经营模式受到了 eBay 的青睐，于是被 eBay 以高价收购。

《大数据时代》一书的作者维克托•迈克-舍恩伯格认为，大量的数据能够让传统企业更好地了解客户需求，为客户提供个性化的服务。在大数据时代，数据思维尤为重要，思维方式决定了发展方向。商家通过数据分析可以更好地了解消费者的消费心理，更好地满足消费者的需求。在这些信息的背后有着无数的发散点，消费者每发生一次消费，商家就会多一次分析，多一些了解，进而为消费者提供更细致的服务。

如今的企业已经不需要再猜测消费者的需求了，因为企业有大量的数据作为指引，这就节省了企业投石问路的成本。如何能够最大化地挖掘大数据的商业价值呢？简单总结如下。

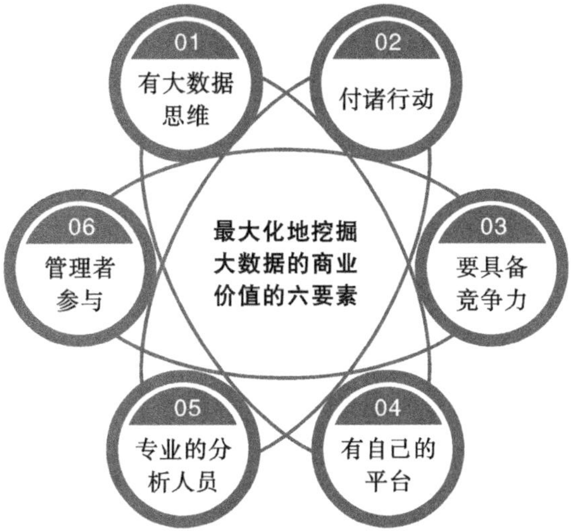

最大化地挖掘大数据的商业价值的六要素

（1）在大数据时代，必须具备数据思维。只有具备数据思维，才能产生更有价值的创新。

（2）付诸行动。制订计划后一定要付诸行动。只有付诸行动，才能激活思维上的创新，行动与思维永远都是相辅相成的。

（3）要具备竞争力。如今何为竞争力？毫无疑问，那就是大数据。但是，拥有大数据并不能说明你已经成功了，你还要具备挖掘大数据的能力，大数据挖掘能力就是企业的核心竞争力。企业要想提高大数据挖掘能力就离不开数据分析工具。

（4）一定要拥有自己的平台。在大数据时代，企业不仅要有专业的设备、技能，还要有一个能够帮助企业实现创新的平台。

（5）专业的分析人员。要想深入挖掘大数据，就一定要拥有专业的数据分析人员。

（6）管理者直接参与大数据分析。每一位管理者都拥有企业的部分数据，分析这些数据最恰当的人选当属企业管理者。进行数据分析时，企业管理者应该充分参与，这不仅能让分析更准确，还能让管理者及时发现问题、总结问题，甚至能够提出更好的解决思路。当一家企业能够做到这六点，相信它离成功就不远了。

越来越多的企业意识到了大数据的重要性，它们开始加大力度收集、分析、挖掘数据，并且从中发现商机，发现潜在消费者。亚马逊就是其中的领头羊。亚马逊的创始人兼 CEO 杰夫•贝索斯很早就看到了大数据的潜在价值。亚马逊会分析消费者的喜好，如消费者浏览过哪些书籍，然后根据相关信息为消费者推荐商品，甚至将消费者有可能喜欢的书籍，以捆绑优惠的方式推荐给消费者。据称，亚马逊销售额的 1/3 来自于商品推荐。

当下企业最大的竞争力便是大数据，不论是小企业，还是 BAT 这样的互联网巨头，都十分重视大数据。每一个数据下都隐藏着无数的宝藏，每一位数据挖掘者都是价值的创造者。

谁知女人心

俗话说：“女人心，海底针。”随着大数据技术的发展，了解女人心不再是一件困难的事情了。“女性的钱好赚”已经成为商界公开的秘密。谁能更了解女人心，谁就能赚得盆满钵满。

如今，女性的社会地位提高了，经济也越来越独立，她们在社会的很多方面发挥着越来越大的作用。于是，很多组织开始关注女性，积极、主动地了解女人心。

珍爱网就利用大数据解读适婚“优单女”（优秀单身女性），以此帮助“优单女”早日找到满意的另一半。相关数据显示，我国的单身人口接近 2 亿人。婚恋网站获得此数据后又喜又忧。喜的是自己的用户群体十分庞大，忧的是单身女性总是找不到满意的另一半。归根结底，珍爱网还是不够了解单身女性的心。要想在短时间内了解所有单身女性的心，这是不现实的。于是，2016 年“三八”妇女节前夕，珍爱网决定先了解“优单女”。珍爱网为了全面了解“优单女”的心，调查了其婚恋观、理财观等，获得了其婚恋差异性、理财、两性关系等方面的数据。珍爱网通过深度挖掘这些数据，对“优单女”有了更深入的了解。

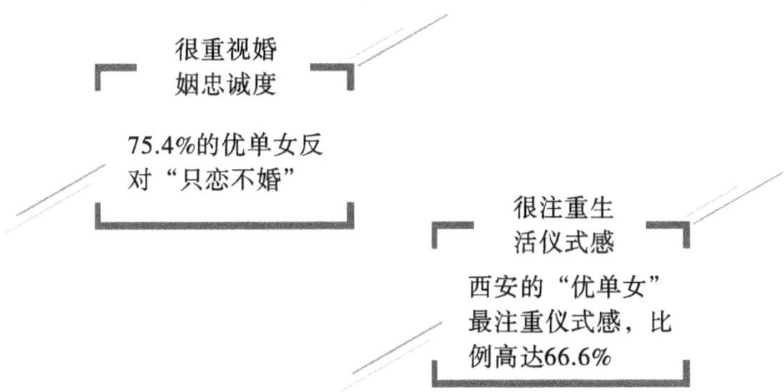

珍爱网利用大数据解读适婚“优单女”获得的两个重要数据

从上图可知，“优单女”有着健康的婚恋观。调查数据显示，75.4%的“优单女”反对“只恋不婚”，她们很重视婚姻的忠诚度。对于“备胎”的示好，82.6% 的“优单女”会果断拒绝，力求不耽误别人。

由此可见，“优单女”的婚恋态度很严肃。那些抱着“只恋不婚”态度的男士，还是主动绕道吧！另外，“优单女”还很注重生活仪式感。

调查数据显示，57.53% 的女性希望过情人节或纪念日。其中，西安的“优单女”最注重生活仪式感，比例高达 66.6%。针对女性注重生活仪式感这一信息，珍爱网资深红娘经过长期与女性面对面交流，获得了重要信息。她们注重仪式感并不是为了收取贵重的礼物，而是在乎对方的心意。她们认为这些仪式是一种爱的表达。

然而，令众多女性失望的是男性并不了解女性的这一心思，误认为重视生活仪式感的女性过于看重形式。在恋爱阶段，男性不重视生活仪式感很容易导致恋爱失败。如果珍爱网没有掌握“优单女”的这些数据，就不能为其推荐合适的另一半，也就无法获得“优单女”这群用户。

阿里巴巴通过数据早就洞察到了女性喜欢网购的特点，挖掘出了女性网购的潜力，助力其淘宝网、天猫获得持续发展。阿里巴巴旗下的阿里旅行也着力分析女性数据，看女性是否对旅游感兴趣。

2016 年“三八”妇女节来临之前，阿里旅行想利用这个一年一次的专属于女性的节日，重点研究女性在旅游方面的数据。一组旅游数据显示：在出行频次方面，女性和男性持平；爱旅行的女性主要来自北、上、广、深四个城市；在海外出行地域方面，女性最爱去亚洲国家，其中韩国、泰国、日本是最受女性欢迎的三个国家；在远途海外出行地域方面，女性最爱去的三个地方是澳大利亚、美国和欧洲。阿里旅行还统计了女性旅行用户的同行人数，发现去欧洲旅行的女性同行的人数最多，平均达到5人；去风景优美的马尔代夫等地方的女性同行人数也达到了3人。阿里旅行把这些一起旅游的女性用户称为“闺蜜扫货团”。在旅游产品的预定方面，女性所占比例高于男性，为53.41%，男性所占比例为46.59%。阿里旅行还发现女性在旅游产品的预定上展现出了很高的智慧。这与女性用户长期关注旅游产品息息相关。她们十分注重产品的性价比和细节，喜欢提前预定、抢优惠、货比三家。于是，女性预定到的旅游产品往往性价比很高。

这些数据表明女性比男性更爱外出旅行，比男性花费的旅行费用更多，比男性更在意旅行的性价比。这表明旅游企业应该更深入地了解女人心，从而打造出更受女性用户欢迎的旅游产品。只要了解女人心，旅游企业就会更轻松拿到一个家庭或一对情侣的旅游订单。

2016年3月12日，国内某大型旅游网站分析了3 800万名女性用户的旅行习惯，获得了一组重要数据。在夫妻和情侣的双人游中，在选择旅游项目方面，女性掌握着85%的决定权。即便是在一家三口的小家庭和三代同堂的大家庭中，女性也掌握着70%的决定权。可以说，女性掌握着住宿、餐饮、游玩项目、行程安排等事项的决策权。

由此可见，女性在旅游方面掌握着主要的话语权，往往是最终的决策者。看到这些数据，旅游企业就不用再困惑旅游到底谁说了算。很显然，女性说了算。同理，其他行业要想获得更多利润，也需要深入了解女人的心。

百度糯米就很关注女性消费者，它从海量的女性消费者当中获得了女性对于电影的真实需求。这些数据为百度的影视业务乃至整个影视行业指出了新的发展方向。

2016年3月3日，百度糯米开始筹备其一手打造的“3.7女生节”。它首先完成了《大数据解读：女性消费新姿态》报告，预测出女性在经济发展中越来越重要，即“她经济”正在兴起。该报告中的数据显示，电影是当下女性重要的娱乐方式，女性更喜欢观看电影。在众多的消费项目中，电影最受女性欢迎。在影视消费中，女性所占的比例远远高于男性，女性所占比例为62%，比男性高出24个百分点。其中，20~30岁的女性消费者首选的消费项目就是电影。

百度糯米敏锐地洞察到女性消费者的“新爱好”——看电影，于是积极地布局电影产业，以此获得发展先机。百度糯米打造了“3.7女生节”这样的电商狂欢节，它对票房的拉动作用非常明显。相关数据显示，2015年全年男女观看电影的比例为1∶1.5，但是在“3.7女生节”当天，这一比例竟然达到了1∶2。由此可见，百度糯米打造的“3.7女生节”充分地调动了女性观看电影的热情，吸引了更多女性购买电影票。

百度糯米打造的“3.7女生节”获得了优异的成绩，得益于其提前通过大数据洞察到了女性对影视产品的真实需求，从而实现了为女性精准匹配影视产品，价格、题材等更合她们胃口。于是，许多影片主动到百度糯米上宣传影片，希望获得更高票房。2015 年“3.7 女生节”，百度糯米影业的市场份额为 15%，到了 2016 年春节，其市场份额已经飙升至 28.3%。这得益于百度糯米影业深入地了解女人心，准确地把握住了女性用户对影视产品的需求。

用数据预测未来，让我们少走弯路

大数据的核心是什么？是预测。数据分析产生了预测，而预测能帮助我们看清未来的发展方向，让我们少走弯路。

用友软件股份有限公司董事长王文京曾说：“数据可以说明过去，数据也可以驱动现在，数据更可以决定未来。”

通过大数据分析，人们可以预测很多有意义的事情。例如，警察可以预测犯罪事件，进而以最少的人力、财力保障社会治安；企业可以预测消费者的消费行为（即消费者接下来会购买什么商品），以最少的时间和投入获得满意的营销效果。微软必应搜索预测了 2015 年女足世界杯的比赛胜负，在 36 场比赛中准确预测了 21 场比赛的胜负，为企业投放广告提供了有力的帮助。企业投放广告的球队不断胜出，甚至进入四强，企业就能获得更好的广告效果。某网友对一年一度的“双十一”成交额很感兴趣。在 2015 年“双十一”前夕，他根据过去几年的“双十一”交易数据，大胆地预测了 2015 年“双十一”的成交额将突破 860 亿元。结果，2015 年“双十一”的成交额高达 912 亿元。

2015 年阿里巴巴“双十一”成交额预测分析数据

年份	预测成交额（亿元）	实际成交额（亿元）
2015	844~860.5	912
2014	—	571
2013	—	350
2012	—	191

一些拥有先进大数据技术的企业正在积极利用大数据的预测功能，而且效果令人满意。微软预测了 2014 年奥斯卡大奖得主，并准确命中了 24 个奖项中的 21 个。谷歌利用大数据成功预测了 2009 年冬季流感的传播。谷歌根据实时体育比赛数据公司 Opta 的数据，并利用云进行数据提炼、数据建模、数据处理，从而成功预测出了 21 场世界杯比赛中 16 场的结果。

2016 年 3 月 1 日，有一则消息走红 IT 界和影视界，那就是微软人工智能小冰基于大数据成功预测出了奥斯卡影帝等三大奖项。

微软一直致力于大数据的研究和实践。在 2016 年奥斯卡颁奖典礼的前一天晚上，微软人工智能小冰预测莱昂纳多·迪卡普里奥获得最佳男主角的概率高达 73%，并把预测结果发布在了其微博上。最终，莱昂纳多·迪卡普里奥果然摘获了本届奥斯卡的最佳男主角。最后，小冰的四个预测命中了三个。

01 “小李”有73%概率获得奥斯卡最佳男主角（√）

02 布丽有76%概率获得奥斯卡最佳女主角（√）

03 桑德罗·冈萨雷斯·伊纳里图有68%概率获得奥斯卡最佳导演（√）

04 《机械姬》将不会获得任何奖项（×）

微软小冰利用大数据预测第 88 届奥斯卡结果

没有人愿意走弯路，大数据分析有助于我们选择正确的前进方向、最佳的做事方式，从而让我们少走弯路。

浙江省交通运输厅联手阿里云，利用大数据预测未来 1 小时的交通拥堵情况，其结果的准确率很高。

2015 年 12 月，浙江省交通运输厅和阿里云合作治理交通拥堵，预测的准确率超过 91%，而且很稳定。浙江省交通运输厅利用大数据的预测功能有效地缓解了本地的交通拥堵，还能指引出行的用户选择最优路线。这不仅让用户出行更顺畅了，还使浙江省交通运输厅在治理交通拥堵的过程中少走了很多弯路。

此外，大数据还可以助力城市规划者精准预测城市问题，在问题发生之前就先将其解决，如城市污染、管道堵塞、城市拥堵、犯罪等问题，从而给城市居民提供更加安全、舒适的生活环境。

中篇　数据生活与思维

数据如潮水般涌现，改变着我们的生活和思维方式。无处不在的数据能让我们的生活变得美好、便捷，也能让我们的思维变得更加简单——我们可能不再需要考虑事情的因果关系，只需要考虑其关联关系。我们也不再需要知道“为什么”，而只需要知道“是什么”。大数据让我们更有洞察力，拥抱大数据是我们最明智的选择。

第三章
大数据让我们的生活变得更美好

大数据已经渗透到了我们生活的方方面面，其涉及的领域包括教育、保险、医疗、餐饮、旅游等。大数据犹如私人定制大师，它可以让我们获得更加个性化的服务。比如，随时随地获得优质的教育资源，轻松办理保险业务，再也不用排队挂号、亲自到药店买药等。大数据能让我们的生活变得更美好。

大数据：我们的私人定制大师

用户向企业提供自己的数据，就可以获得企业提供的私人定制服务。这种模式能最大程度地满足用户需求，也能提高企业研发产品的成功概率和营销效果。因此，大数据被用户和企业视为私人定制大师。

众多行业开始发展私人定制这种业态。比如，服装企业推行私人定制服务，旅游企业、驾校也纷纷推出私人定制服务。

南京驾校基于用户产生的大数据，发现用户考驾驶证也有个性化需求，很多用户想“自学直考”。于是，南京驾校就主动、积极地升级服务，推出了私人定制服务，以此应对“自学直考”。南京驾校了解到很多上班族只能周末到驾校学车，这导致其学习时间很漫长。不少用户认为“自学直考”在时间上比较自由。不过，他们还表示，只要驾校的服务跟得上，他们还是会优先考虑到驾校学习，毕竟驾校有教练指导，还有专业的学习场地，学习效果更好。南京驾校了解到大学生平时经济不宽裕，所以推荐大学生周一至周五学车，收费较低。针对要求高的用户，南京驾校推荐用户挑选黄金学车时段、优质教练，但是价格相对高一些，这满足了更多用户的学车需求。如今，南京驾校的管理者认识到要以服务来吸引学员，而不能坐等学员自己找上门来。

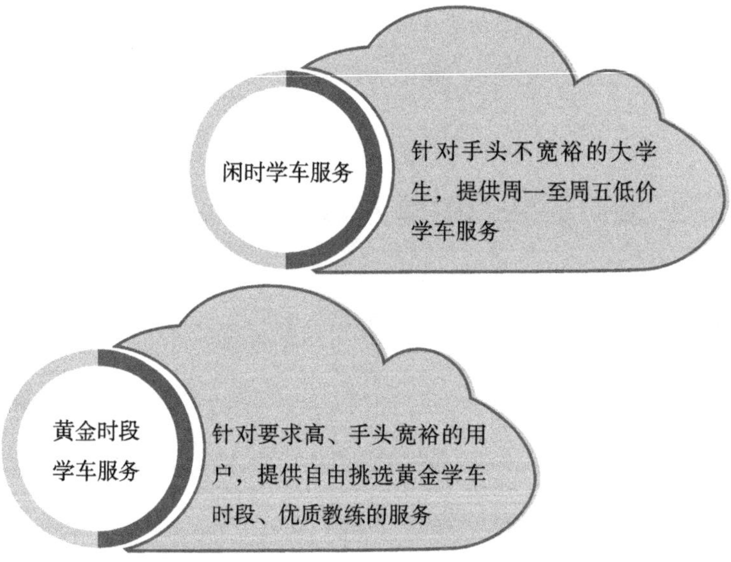

南京驾校基于用户大数据推出两项私人定制服务

在线旅行服务公司携程旅行网致力于为用户提供全方位的旅行服务，

经过10多年的发展，携程积累了海量的旅行数据。携程从这些数据中洞察到了旅客的个性化需求，并探索用大数据来为旅客提供私人定制服务。

火车票的在线订票服务还不能完全满足人们的个性化需求。比如，人们想选择一个下铺位置，这在12306网站上就无法实现，给人们外出旅行带来了不便。比如，孕妇、老人在网上购票时就不能选票，只能碰运气。人们只有订购完火车票之后，才能知道具体的座位号。所以，人们只能去火车站、火车票代售点购买车票，以此满足自己的需求。

携程洞察到了旅客的这一个性化需求后不断地收集旅客数据，得到了一个结论：2016年在携程网上购买高铁、动车车票的旅客比例很高，超过了50%。携程将这一数据与历年数据相比较，准确地判断出旅客喜欢耗时少、环境较好、性价比高的高铁。之后，携程深入挖掘火车旅客数据，为乘坐火车的旅客推出了火车票私人定制服务。

2016年3月1日，携程推出了火车票私人定制服务，立刻吸引了众多旅客的眼球。

携程推出的火车票私人定制服务基于传统的送票上门服务。旅客购买普通列车车票可以选择下铺，购买动车、高铁车票可以随意选择，包括包厢票、连座票、靠窗票等。这样既满足了中老年人、孕妇、带小孩的旅客对车票的需求，又满足了大家庭、团体出行的需求。中老年人、孕妇、带小孩的旅客获得了舒适的体验，大家庭、团体则可以在一起打牌消遣。旅客在携程官方网站上或手机APP上提出选座需求，就可以购买到满意的票。

携程推出的火车票私人定制服务，让乘坐火车出行的旅客享受到了梦寐以求的选票服务，动动手指就可以购买到满意的座位。旅客大数据成为了众多旅客的私人定制大师。

个性化教育：专属于我们的私人教育

“互联网 +”战略的提出，让云计算、大数据、物联网等新技术获得了突飞猛进的发展。“互联网 +”迅速形成一股浪潮，席卷了越来越多的行业，教育行业就是其中之一。“互联网 +”与教育不断融合，让在线教育不断进化，并催生了个性化教育。

随着智能手机、平板电脑的普及，以及人们对这些电子设备的频繁使用、高度依赖，越来越多的人在互联网上留下了自己的足迹，同时产生了海量数据。众多教育企业认真研究这些数据，洞察到了个性化教育的发展趋势和私人教育的商机，并积极地利用这些数据打造个性化教育模式，为用户提供私人教育服务。

三好网通过在线一对一模式，打造私人定制的个性化教育；深耕教育十几年的考拉超课推出了壹家教，开拓个性化教育市场；知名教育企业学大教育洞察到了个性化教育的发展趋势，先后推出 e 学大、口袋老师两款个性化教育产品，并紧锣密鼓地布局个性化教育市场。

2015 年 12 月初，中国教育学会年会邀请学大教育以承办方的身份出席大会。学大教育之所以获得此资格，主要原因是学大所倡导的个性化教育理念与此次大会的主题“核心素养与适合的教育”极其吻合。

大会上，学大教育创始人兼CEO金鑫把2016年称为“个性化教育元年”。他说，2014年的时候，学大教育提出的“个性化智能教育”代表了未来教育发展的一个新方向。之所以这样说，是因为个性化智能教育具备两大特征：（1）个性化智能教育使整个教学行为形成线上线下闭环；（2）个性化智能教育的整个教学过程实行数据化管理。学大教育研发的e学大开启了个性化智能教育的大门。e学大于2014年3月发布，到2015年11月底，不到两年的时间，用户数就逼近了300万。其中学大自己的学生仅有十几万人，二者的重合率并不高。2015年5月，学大教育联手互联网技术企业奇虎360，打造了一款面向中小学生的个性化在线学习产品口袋老师，这是一款移动端答疑产品。截至2016年1月，其用户数已经超过了500万。这些数据让学大坚信个性化智能教育是一条“正路”。

学大教育的个性化智能教育产品推出之后，迅速积累了数百万名用户。

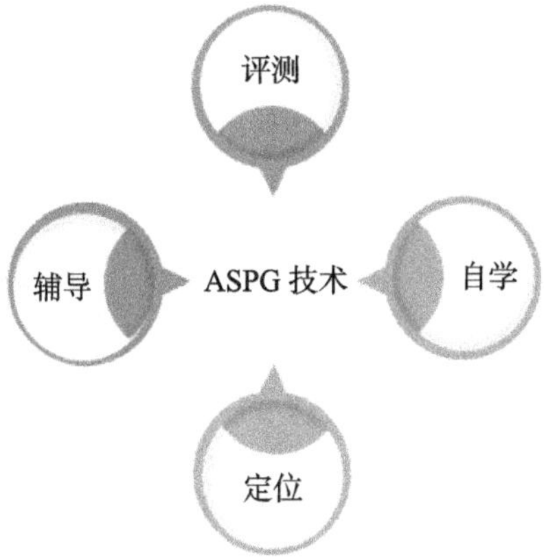

e学大是一个个性化的智能辅导平台，其核心是ASPG技术，即评测、自学、定位、辅导，实现学习数据的追踪和沉淀

e学大的ASPG个性化学习辅助体系

e学大是一个个性化智能辅导系统，也是大数据教育的雏形。它是在国内千千万万莘莘学子的教育数据的基础上开发出来的。这些数据一方面反映了教育机构的教育方式、教育模式需要改善，另一方面显示了新技术能够改进教育方式、教育模式。e学大让每一位学生都有机会获得私人教育。e学大的ASPG个性化学习辅助体系可以让学生本人和家长直观地了解到当前的薄弱之处和学习状态，从而在老师与家长、学生缺乏互动的情况下，为学生制定最佳的学习改进方案。

用数据模型为学生量身定制最精准的教育解决方案，就可以让每一位学生都有机会享受到个性化教育，可以获得专属于他们的私人教育。

保险大数据：私人“保镖”就选你

大数据浪潮汹涌而至，引发了金融业颠覆性的变化，尤其是保险业。保险业基于数据来为产品定价，它掌握着更丰富的用户数据，拥有着更强的驾驭数据的能力。许多业界人士称，大数据为保险业的发展提供了前所未有的空间和潜力，保险大数据犹如私人“保镖”为保险业的发展保驾护航。

“三马”（马云、马化腾、马明哲）宣称要把众安保险创办成一家数据公司，从分析流量和数据着手，为用户提供个性化的保险服务，并逐步切入金融业务。中国保信集团运用大数据思维改革保险业，声称要借助信息技术手段，收集保险经营管理数据及相关外部数据，创建系统化、标准化的数据体系，实现数据的真实性、完整性和时效性，旨在为保险消费者、保险监管部门、保险公司等主体提供不同的信息服务，提高保险业的经营效率和管理水平。因此，中国保信集团的成立被业内人士视为基于数据生存的中国保险业迈入新时代的标志。

大数据悄无声息地闯入了保险行业。有了大数据，保险企业就能推出更多的个性化保险产品，让每一位用户都有机会拥有私人“保镖”，最终有效降低保险企业的理赔成本和风险，提高保险的管理效率。

保监会主席项俊波在参加一个行业内部会议时，提出了一个大胆的设想：用户每天早上一起床就会接收到保险公司温暖而贴心的提示：“今天有重度雾霾，建议您在家里办公；如果您今天一定要出门，当日保费增加 5%；如果您戴上雾霾口罩再出门，保费只增加 3%。”

这一设想虽然与实际应用之间存在一定的距离，但反映出保险企业的私人定制离不开两大要素，即互联网和大数据。

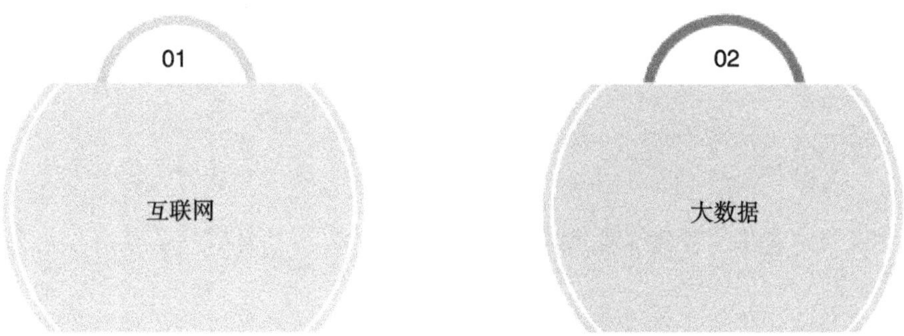

保险公司私人定制服务的两大要素

要想实现这个设想，就离不开大数据的支持。随着大数据、云计算、搜索引擎等技术的不断发展，互联网参与方（企业）获取和深度挖掘信息的能力大幅提高，消费者交易行为逐步实现可记录、可分析、可预测，金融业的经营模式也将深刻发生变化。大数据将给保险业带来翻天覆地的变化，其中对保险业的影响最大的方面就是提高了风险数据信息的透明度。保险企业通过大数据技术可以无限细分风险因素，进行无限精确的计算，进而更精准地为客户提供私人定制服务。用户每天的运动状况、饮食状况、睡眠状况、驾驶状况、健康状况，甚至用户当天心情好不好、上班或是休假、见客户或是见朋友等数据，都会成为保险企业计算产品费率的依据。这样一来，保险企业可以把用户的发病率细化到天，保费可以实现按天收取，还可以省略核保流程。

这样私人定制保险服务将逐渐发展为行业常态。保险企业只要通过财务分析软件和大数据分析技术，再根据已掌握的用户需求，就可以轻松地为用户量身制定保险方案。

车险是人们生活中使用最广泛的险种之一，如果它能够得到大数据的支撑，将会实现车险私人定制。那些驾驶习惯良好的用户凭借自己的良好信用（不闯红灯、不疲劳驾驶等），就能有效降低车险费用。

大数据正在改变着人们对车险的理解，它将成为决定车险定价的主要因素，它将为保险企业和用户带来诸多利好。

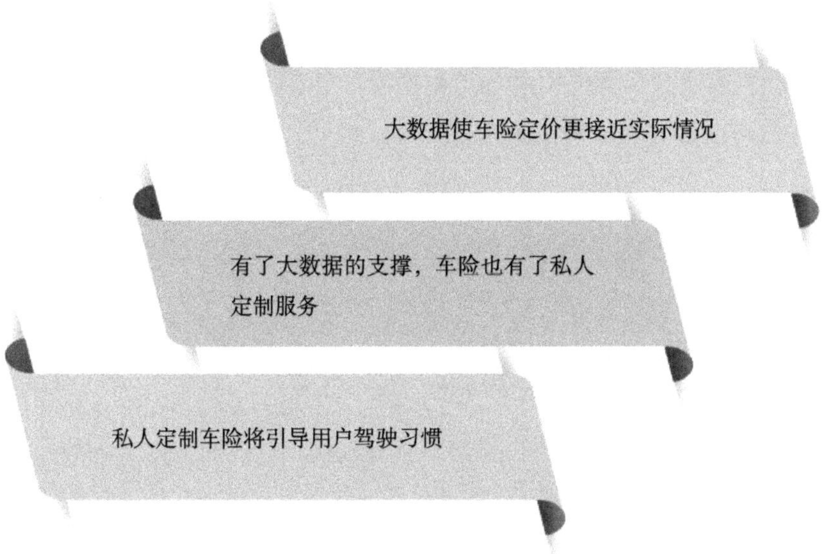

大数据为保险企业和用户带来的三个好处

（1）大数据使车险定价更接近实际情况。传统的车险主要根据承保、理赔历史数据进行定价，再根据车辆信息、驾驶人的年龄和性别等定价因素对风险进行分类，每一类风险对应一个价格。例如，男性一个价格，女性一个价格。再比如，相同的两辆车，一辆是上班族开，另一辆由专车司机开，由于两辆车的行驶路径完全不同，因此所承担的风险也不同，车险价格理应不同。但是，传统的定价方式根本无法区分这两辆车的车险价格，因为其行驶路径等风险因素当前不能被量化，所以无法对车险定价产生影响。但是，大数据技术可以将其量化，这样一来就会引发车险定价变革。

众所周知，用户首次办理车险定价很低，因为车险企业掌握的用户数据很少，尤其是用户的负面数据。一位驾驶技术和驾驶品德较差的用户，其第二年的车险费用将会大幅增加，因为车险企业在受理其车险理赔申请的时候，掌握了其较多的驾驶方面的负面数据。这样一来，车险企业就可以有效降低自己的赔付成本。总之，车险企业只有掌握尽可能多的用户数据，才能使车险定价更接近实际情况，实现大幅降低理赔成本、风险的目标。

（2）有了大数据的支撑，车险也有了私人定制服务。车险企业要想实现车险私人定制，需要掌握车险风险的三要素，即汽车、用户和环境。那么，车险企业如何通过大数据界定驾驶用户的风险呢？下面我们来看看中国平安车险总经理助理王国平给出的解答。

王国平表示，未来用户所有的行为习惯都将视为车险的风险因素，如用户在驾驶中是否存在不守交规的行为，包括开车接打电话、闯红灯、急转弯、超载、不系安全带、急加速、急减速等，还有用户的信用、投资和消费行为。数据显示，信用差的用户是信用好的用户的理赔风险的两倍。

王国平还表示，过去驾驶者的行为、心理、生理无法量化，无法作用于车险定价，现在有了大数据的支撑，就有望把它们量化，并将其作为车险定价的依据。未来，车险价格与驾驶者、车型、行驶路径息息相关。即使是同样的一辆车，白领开和专车司机开，其车险价格也会大相径庭。简而言之，大数据可以促使车险从一类一价发展为一人一车一价，即车险私人定制。

（3）私人定制车险将引导用户驾驶习惯。车险企业一旦获得驾驶用户的行车路径、驾驶习惯等数据，实现一人一车一价的私人定制，就意味着拥有良好驾驶习惯的用户将会减少保费，这会影响用户的驾驶习惯。试想，哪位用户不想花更少的钱获得更好的车险服务？所以，用户就会下意识地改善自己的驾驶习惯。那些愿意与保险企业分享自己行驶数据的用户会得到车险企业的提示，从而自觉地改善自己的驾驶习惯。

个性化定制：从丑小鸭到白天鹅的华丽蜕变

基于大数据的个性化定制，可以让企业实现从丑小鸭到白天鹅的华丽蜕变。

个性化定制服务，用户获得更满意的商品和服务，更愉悦的消费体验，从而对企业产生好感，并持续地产生购买行为，甚至会主动地向周围的朋友推荐企业的产品。这样一来，企业就能获得越来越多的忠诚用户。

2015年“双十一”前夕，一些旅游企业推出了个性化定制旅游产品，如“光棍特权”“闺蜜游”等。这些旅游产品的针对性非常强，获得了目标用户的高度认可。这些个性化定制旅游产品背后的有力支撑就是大数据。

一些服装企业也在积极地探索个性化定制服装，利用用户提供的数据设计服装产品，获得了用户的欢迎。

富宏服饰公司是一家主要生产冲锋衣的公司，其80%的产品出口海外。该公司在发展过程中遭遇了服装市场不景气、利润持续下滑等问题，发展缓慢，在行业内默默无闻。在移动互联网时代，公司下定决心从批量生产向高端定制转型，利润得到了成倍增长。它最早为一位英国客户M先生提供个性化高端定制服务。M先生要求定制一款冲锋衣，要求衣服前襟有一枚扣子，上臂有发光的装置，适合在夜晚穿着。富宏服饰接下了这个订单，按照客户的要求研发出了一款配置Led的智能服饰。M先生看到成衣后很满意，随即下了一张2 000件的订单。富宏服饰生产的这批个性化定制冲锋衣，所获利润是普通服装的两倍。后来，该公司把这款个性化定制冲锋衣陈列在其展厅中，吸引了不少海外客户，很快又拿下了3 000件的订单。这款定制服装最大的亮点是采用了Led技术，上臂配置了感应装置，在骑自行车左转弯的时候，只要轻轻地抬一下左臂，Led灯就会变亮。

从此，富宏服饰大力开展个性化定制业务。四个月之后，富宏服饰推出了毛呢、旗袍等高端服装私人定制业务，由客户亲自选择面料并提供身高、体重等数据，设计师根据这些数据为客户设计适合的款式。该业务推出短短一个月内，富宏服饰就接到了300笔订单，主要是毛呢套裙、风衣，其单价平均为1 500元，是普通毛呢套裙、风衣利润的三倍。在个性化定制业务的带动下，富宏服饰很快成为了本市服装行业的领导者。

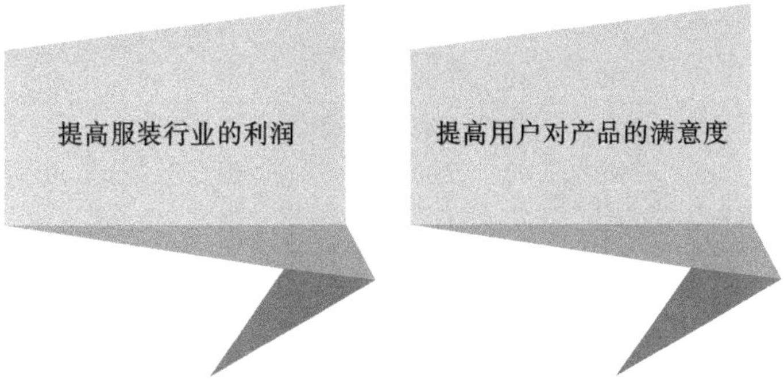

个性化定制模式给服装行业带来的两大好处

对症下药，再也不用担心生病了

大数据已经渗透到了我们生活中的许多方面，其中就包括医疗领域。随着大数据与医疗的融合，人们的就医痛点有望得到解决，甚至人人可以获得个性化医疗服务。

医学研究机构、医院等积极探索医疗大数据，打造个性化医疗服务，这预示着医学大数据正在兴起。“医疗大数据”“个性化医疗”“精准医学”等已成为医疗界的前沿热门话题，受到了医疗界专业人士的高度关注。

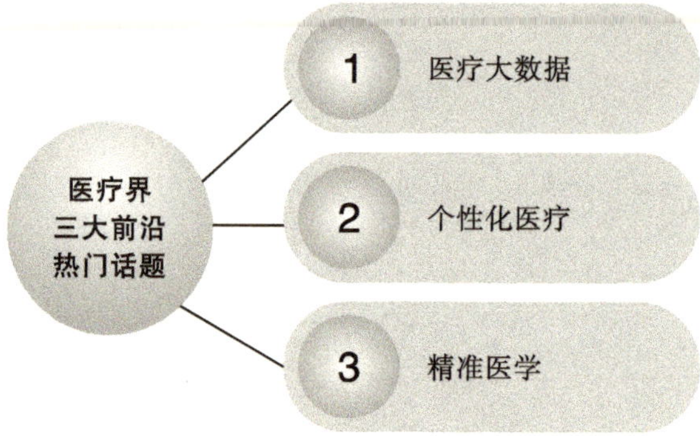

医疗界三大前沿热门话题

2015 年 12 月 19—20 日，中华医学会第十五次全国医学科学研究管理学学术会议在重庆市召开。来自国内著名高等医学院校、医学科研机构和临床医院等从事医学科研管理的 500 余名专家教授参加了此次大会。他们主要围绕“医学大数据”“个性化医疗”“精准医学”等话题展开了热烈的讨论，希望尽快找到医学科技新趋势给科研管理带来的新挑战的应对策略。

在此次大会上，四川大学科学研究院教授田卫东、北京协和医院研究员关键、第三军医大学校长罗长坤做了关于“医疗大数据”“个性化医疗”“对症下药”等主题的讲话，国家自然科学基金委医学科学部研究员董尔丹和科技部社会发展科技司张兆丰处长介绍了行业发展新动态。

四川大学科学研究院教授田卫东首先向参会人员概述了华中科技大学的环境与健康大数据、上海交通大学的区域医疗和健康大数据、中山大学的国家级医学大数据、复旦大学的重大疾病大数据、浙江大学的国家传染病云平台、中南大学的湘雅医学大数据中心等各高等医科院校医学大数据研究现状，并指出校企间、校际间、学科间的医学大数据研究正一天天扩大深化。在大数据的基础上，个性化医疗将由对症下药向因人治病发展。

北京协和医院研究员关键以冷静、客观的态度看待医学大数据，指出了医学大数据研究中一些常见的错误观点，如“医学大数据都是好数据”“规范性的医学大数据完全一样”“医学大数据的使用是无偿的”等，并对这些错误认识进行了批判性的分析。她还进一步分析了医学大数据与个性化医疗的关系。她表示，转化医学促使了医学大数据的产生，医学大数据是精准医学的根本和先决条件，精准医学是个性化医疗发展的最新方法。这让参会人员认识了医学大数据与转化医学、精准医学之间的关系。

第三军医大学校长罗长坤表示，基于基因革命、纳米革命、机器人革命，“医学大数据”“个性化医疗”“精准医学”等医学新技术、新方法、新理念正在欣欣向荣地发展。

诸位医学界专家的讲话主要集中在以下四个方面。（1）我国医疗大数据研究正在蓬勃兴起，学科间、校际间、校企间的医学大数据研究正日益拓宽深化，医学大数据有力地支撑着个性化医疗的发展。个性化医疗将会由对症下药迈向因人治病的新台阶。（2）医学大数据的产生及其与精准医学的关系，还有个性化医疗与精准医学的关系。（3）“医学大数据”“个性化医疗”“精准医学”等医学新技术、新方法、新理念正在欣欣向荣地发展。（4）个性化医疗受到了国家的重视，将获得巨大的发展空间。

从诸位医学界专家的讲话中我们不难发现，医疗大数据是大势所趋。如果医疗机构不重视医疗大数据、没有医疗大数据、不会应用医疗大数据，就无法打造个性化医疗，就无法发展精准医学，也就做不到从根本上对症下药，更谈不上让人们获得更好的就医体验。

医疗机构必须重视医疗大数据，广泛收集医疗大数据，积极运用医疗大数据为用户量身制定治疗方案，这样才能实现对症下药，让人们再也不用担心生病。

随着医疗机构对大数据基因检测的大力投入，短短一年内，机器检测已实现全自动化。目前，一台机器能够产生 100 个人的数据。这为我们利用大数据进行精确医疗奠定了基础。当然，利用大数据实现对症下药最关键是要以海量数据为基础。我国已经建立了疾病群体和健康人体数据库，医疗研究人员通过大数据集成分析，找到了一些产生疾病的因素，这有助于提高诊断的准确性和治疗效果，实现“精准医疗”。这将颠覆传统的诊断模式，并将引导医生从分子生物学、临床学角度进行更加精准、量身定制的诊断和治疗。

如果医院能将用户基因数据与健康大数据相结合，就可以轻松、准确地判断用户的健康状况，为其制定个性化的治疗方案。早在 2014 年，北京市政府、百度和智能设备厂商就共同创办了“北京健康云”，旨在把“北京健康云”里面的数据转换成一个全民健康档案，使其成为一个动态的、实时更新的用户健康数据库。

大数据让我们的旅途更精彩

随着社会经济水平的不断提高，越来越多的人喜欢外出旅游。对旅行者来说，选择适合自己的出游方式既能让旅途更精彩，也才能让自己尽兴而归。

相关研究数据显示，不少用户喜欢自驾游、自由行，这样可以自由安排行程，并获得自由、愉快、放松的旅游体验。许多有车的人会和自己的亲朋好友商量在节假日一起自驾游。还有一些游客主动找到旅游机构，希望获得私人定制的旅游服务。如果旅游企业能获得用户喜欢的旅游方式、旅游地点、旅游时长等数据，就能基于这些数据定制旅游产品，以此最大程度地满足用户的需求。

游客郑女士说："如今我要是想外出旅游，就会首选私人定制产品，我可以在网上便捷地预定好航班、酒店、景区门票和专车。"私人定制旅游产品为人们带来了便捷的体验，让吃、住、行可以在网上一键搞定。私人定制旅游产品既可以让人们玩得尽兴，还可以免去行、住的烦恼，以及自驾游带来的疲劳。同时，它还能极大地满足用户对舒适度的需求。

那么，是什么让私人定制旅游产品成为现实的呢？答案是大数据。

2015 年，同程旅游引入了私人定制模式，助其在"同程旅游节"期间取得优异"战绩"——吸引了千万名用户参与，总在线订单数量接近 400 万单，活动的整体转化率和活动参与者的满意度都得到了大幅度提高。本次旅游节大获成功，受到了业界人士的广泛关注。

旅游产品个性化定制的三个步骤

同程网 CEO 吴志祥表示，此次旅游节取得成功要归功于之前推出的私人定制旅行产品，这类产品精准地把握了移动互联网环境下年轻群体的旅游消费习惯。那么，同程网是如何做到这一点的呢？在推出产品之前，同程旅游根据大数据分析精准地掌握了用户在不同场景下的旅游消费需求，并为每一位用户设计了其最喜欢的产品。同程旅游看到 58 同城中的旅游产品越来越丰富，获取了不同年代出生的用户的旅游数据，之后便为“70 后”“80 后”定制了单人费用达 5 000 元以上的豪华邮轮产品，为“90 后”定制了单价 1 000 元以内的国内游产品和 3 000 元以内的国外游产品。同时，同程旅游还针对消费者的个人习惯，将旅游产品进一步细分。这些都得到了大数据的有力支撑。

吴志祥还表示，私人定制产品不仅让用户获得了实惠，还让用户获得了惊喜——分享活动就可以获得红包。同程旅游通过私人定制模式促进了业务发展。吴志祥还表示，此后同程旅游将把移动互联网和大数据技术应用于日常的市场活动中，旨在为更多用户打造更好的旅游产品。

同程旅游推出的私人定制旅游产品之所以大获成功，其原因在于同程旅游早就意识到私人定制离不开大数据的支撑。同程旅游专门成立了数据应用中心，以此支持旅游产品私人定制业务。

2015年4月，同程旅游创办了数据应用中心，旨在为其旅游产品私人定制模式提供大数据支撑。同程网CEO吴志祥表示，他们既有2亿多的无线端用户，又有最完善的旅游产品体系，因此运用大数据技术为用户量身定制最适合的产品拥有了无限可能性，这将全面提升用户体验。此外，同程旅游还想通过此数据应用中心打造一个最了解用户的休闲旅游客户端。

同程旅游的数据应用中心有庞大的用户数据作支撑。相关数据显示，同程旅游安卓版客户端的累计下载量已超过3.5亿次，长期保持在线旅游前三强的名次。

同程旅游正是基于移动端大数据为所有用户精心设计了定制化旅游产品，从而让每一位用户找到了最适合自己的旅游产品。有了庞大用户数据的支撑，旅游企业就能吸引更多用户，创造更多利润。

“云”上定制放心食品

2015年12月23日，广东省云计算大数据开发者大会暨2015云栖大会•广东峰会在广州举行，该大会由广东省政府和阿里巴巴集团联手主办，囊括了云生态、游戏云、金融云、政务云、大数据实践等内容。大会上，阿里云解决方案总监马铁宝做了精彩演讲，他说：“互联网创业迎来了第三个时代——DT时代，数据是最关键的核心，我们有理由相信‘得数据者可得天下’。”马铁宝的一番话启示大数据领域的创业者要积极地融入云生态，方可在DT时代立足。

大数据与餐饮业结合，不仅可以让人们吃到更加放心、安全的食品，还可以让人们吃到更新鲜、营养更丰富的饭菜。这主要得益于基于云计算和大数据的私人定制模式。

随着云计算大数据的迅猛发展，创客们把食品安全管理也搬到了云上，让用户有机会参与农作物种植、加工，从源头有效控制食品安全。

在云上定制放心食品的过程是这样的：首先把用户的需求通过互联网汇集在一起，提前锁定目标用户，并向用户预售他们需要的产品，然后按照用户的要求联系能够满足这些要求的农户，直接跟他们签订单，并把农产品从种植到采摘的每一个环节都实时展示给用户。假如用户定制的是蜂蜜，希望获得自然成熟的蜂蜜（其营养成分更全面），企业可以先利用云上的农业众筹，展现自然成熟的蜂蜜，以此吸引有需求的用户，然后再联系蜂农，向蜂农定制自然成熟的蜂蜜（一般酝酿时间需要7天），并要求酝酿时间不少于20天，佣金在10%~20%（假如用户定制了100元的蜂蜜，需要支付十几元的佣金）。最终，用户吃到了营养丰富、放心的食品，还不用花很多的钱。

现在，许多创业者已经在探索餐饮产品的“云”上定制了。

“云餐厅”是一个基于微信的服务系统，在温州大学城市学院里试运营，为学校里的师生提供私人定制的餐饮服务，获得了很多用户的称赞。

“云餐厅”功能有很多，其中最特别的三个功能是“发布菜品信息”“实时征询学生意见”和“特色菜品提前预约”。很多学生看到之后立即进行了体验。

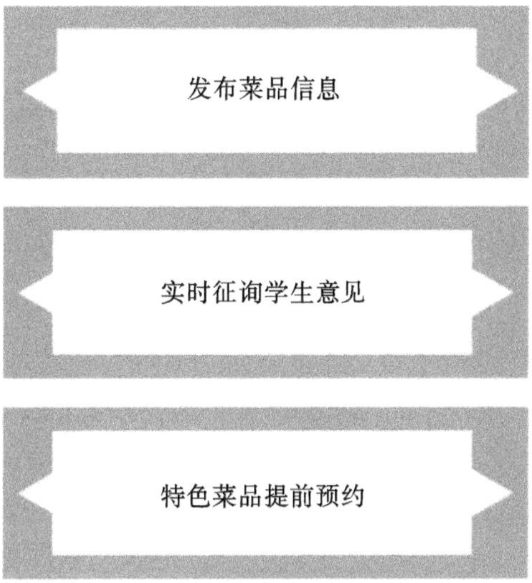

“云餐厅”通过三大功能实现私人定制服务

学生通过手机客户端可以在食堂订餐，“云餐厅”上的菜品及其价格一目了然，如红烧狮子头每个 1.5 元、红烧鱼每份 3 元等。一些学生反映传统的点餐方式需要排长队，被后面排队的同学催促，往往草草点菜，有时候点的是一些自己不爱吃的，最后只好倒掉，很浪费。有了“云餐厅”，学生就可以点自己想吃的，还不用排队，而且保证是现做的新鲜饭菜。

学生只需要用自己的手机号注册一个账号，就可以随时随地浏览食堂提供的个性化菜品，获得菜名、图片、评价、单价等信息。

“云餐厅”还节约了不少粮食，因为学生总能点到自己爱吃的饭菜，所以很少会产生浪费。“云餐厅”还可以引导食堂向智能食堂发展，只做学生爱吃的菜，即“学生喜欢吃什么，食堂就做什么”。“云餐厅”试用的第一天，学校食堂的剩饭就从原来的六七桶减少到四桶，节约效果十分明显。

“云餐厅”还计划为学生提供更贴心的服务，如针对受伤、生病的学生提供“个性化调理，且保证饭菜送到宿舍”的服务。这些服务将会让学生更放心、更舒心。

“云餐厅”相当于一家智能餐厅，它得到了大数据的有力支撑。“云餐厅”先收集餐厅及消费者数据，然后利用云端大数据进行精准营销，不仅能够满足用户的饮食需求，还能够提高餐饮商户的效益。

第四章

大数据为我们带来更好的体验

大数据给我们的生活带来了翻天覆地的变化。比如，无人驾驶汽车不仅能够熟练地起步、上路、变道、加速，而且能够灵活地穿梭在高速公路上，这将给人们带来全新的“驾驶”体验。再比如，各种各样的机器人不仅可以帮助人们做家务，还可以帮助人们完成工作，如机器人作者、机器人会计、机器人教师等，相信与它们共事将是一种全新的职场体验。

无人驾驶带给我们更好的驾驶体验

一些高瞻远瞩的专家、企业家早已预测到大数据将给汽车产业带来巨变，使汽车产业朝着无人驾驶、汽车互联的方向发展。这个预测引起了不少科技巨鳄的兴趣，它们正在利用自己领先的大数据技术和海量数据来改造传统汽车行业，紧锣密鼓地进军无人驾驶市场。互联网巨头谷歌、百度率先研发无人驾驶技术，特斯拉、奥迪也不甘落后。

无人驾驶之所以受到了巨鳄的青睐，是因为市场中存在着强烈的需求。无人驾驶能带给我们更好的驾驶体验，并给我们的生活带来很多好处。

1 能根除堵车顽疾
2 可大幅减少汽车的二氧化碳排放量
3 将会大幅减少交通事故的发生
4 让人们获得更多的放松时间

无人驾驶给我们的生活带来的好处

（1）无人驾驶能根除堵车顽疾。随着生活节奏的不断加快，人们的时间观念越来越强。人们在外出时最害怕交通拥堵，一旦发生交通拥堵，交警也无能为力，乘客、驾驶员只能耐心等待。交通拥堵已经成为了人们生活中的一大痛点。交通拥堵不外乎交通事故、车流量大、超车等原因。前谷歌无人驾驶团队成员塞巴森•特隆表示，一旦无人驾驶车辆成为主要交通工具，我们将只需要现在路面上 30% 的车辆，这将极大地缓解交通拥堵。

（2）无人驾驶可大幅减少汽车的二氧化碳排放量。无人驾驶可以避免不必要的刹车、加速行为，能够更合理地利用动能系统，从而节省燃料，降低汽车的二氧化碳排放量。麦肯锡的研究报告显示，广泛使用无人驾驶汽车可以使汽车的二氧化碳排放量减少 3 亿吨。

（3）无人驾驶将会大幅减少交通事故的发生。世界卫生组织的相关数据显示，全球平均每年大约有 124 万人因交通事故丧生，预计到 2030 年这个数字会上升到 220 万人，仅美国平均每年就有 3.3 万人因交通事故丧生，这些数据令人很心痛。无人驾驶领域的专家经研究得出，如果美国的公路上 90% 以上的汽车都是无人驾驶，每年因交通事故丧生的人数就会下降到 1.13 万人。谷歌的统计数据显示，谷歌无人驾驶车行驶了 300 多公里，发生了 16 起小的交通事故，而且几乎每次都不是谷歌无人驾驶汽车引起的。

（4）无人驾驶让人们获得更多的放松时间。人们驾驶汽车需要集中注意力，很容易产生疲劳，长时间驾驶车辆会使人腰酸背痛。上班族长时间驾驶车辆，肯定会影响工作效率。相关研究数据显示，美国有 80% 的人需要花 50 分钟开车上下班。这个时间确实不短，会耗费人不少的体力和精力。假如人们拥有无人驾驶车辆，人们在这段时间内就可以放松一下，接下来就能以充沛的精力投入到工作和学习中。

谷歌在无人驾驶领域不断推进，从线路测试到上路测试，每一次突破都是一次实实在在的进步。

2015 年 5 月，谷歌无人驾驶汽车上路的视频曝光。很多人非常喜欢视频中的无人驾驶汽车，将其称为“小萌车”。

谷歌在无人驾驶领域已研究数年，但进展缓慢。谷歌最早的无人驾驶车是用雷克萨斯改造的，而其完全自主设计的无人驾驶汽车还处于测试线路跑动阶段。最近，谷歌无人驾驶又搞出新花样，开始上路测试了。在一段视频中，谷歌的无人驾驶汽车正在自由自在地穿梭于加利福尼亚州山景城的大街小巷中，其速度达到40公里/小时。

谷歌自主设计的无人驾驶汽车保留了改装版的摄像头和控制软件。上路的无人驾驶汽车仍然需要驾驶员、方向盘、油门和刹车，不过仅仅是为了在紧急关头由驾驶员及时接管汽车。谷歌自制的无人驾驶汽车接下来要接受新的挑战：在上路行驶的过程中学习躲避路上的牛和朝自己直撞过来的有人控制的汽车。

2016年2月，谷歌无人驾驶汽车在上路的过程中与一辆公交车相撞，并撞伤了人，责任一方在谷歌无人驾驶汽车，这也是其首次在交通事故中成为责任方。谷歌无人驾驶汽车马上受到了业界人士的质疑，然而谷歌并没有气馁，而是积极地争取立法部门和监管部门的支持，并不断地招兵买马来壮大自己的无人驾驶汽车研发团队。

谷歌无人驾驶汽车虽然进展缓慢，但仍在不断向前推进，给我们带来了不少惊喜，并吸引着全世界的目光。虽然谷歌在发展的过程中遇到了挫折，但这是很正常的事情，我们不必因此全盘否定谷歌的无人驾驶汽车，拒绝无人驾驶技术，不妨继续期待其新的进展。

谷歌在无人驾驶领域作出了巨大努力，也获得了令人瞩目的成就。2015年11月，谷歌无人驾驶汽车的多项专利曝光了，包括无人驾驶汽车自动解锁、自动接送、和人“说话”等。例如，乘客用手机对着无人驾驶汽车时，车门就会自动打开。

谷歌在无人驾驶领域保持着领先地位。谷歌正在利用激光测距仪、前置相机、前后保险杠雷达、卫星定位、超声传感器、车内设备、传感器数据的协同整合、对交通标志和信号的解析、路径规划、适应实际道路行为这十大技术来打造真正的无人驾驶。百度也穷追不舍，特斯拉和奥迪加速布局无人驾驶领域，特斯拉还扬言要超过谷歌。这种巨鳄争霸局势将加快无人驾驶的技术创新，让我们早日用上无人驾驶汽车，获得更完美的驾驶和出行体验。

机器人独舞的时代离我们越来越近

机器人逐渐从科幻电影走进了现实，不仅走进了我们的家庭生活，还走进了我们的工作之中。我们盼望机器人能够帮助我们分担家务，让我们从繁杂的家务中解放出来，这样家就真正成为了休憩的场所。我们也盼望机器人能够帮助我们干那些又脏又累又危险的工作，提高我们的工作效率。不过，也有一些先进的机器人让某些人神经紧张，如可以独立撰写新闻稿件的机器人。它们让记者很焦虑，因为他们害怕撰稿机器人会抢走自己的饭碗。可见，面对机器人的到来，人们是一边期盼着一边害怕着。

我们为什么盼着机器人走进我们的工作和生活中？因为机器人越来越智能，它能够独立完成的任务越来越多，甚至已经出现了能与人进行情感交流的机器人。

2015 年 11 月 23 日，2015 世界机器人大会在北京国家会议中心召开。此次大会展示了众多技术领先的机器人产品。第一天，大家就被情感交流机器人吸引住了，有的参观者好奇地与情感交流机器人交谈。此次会议的后两天进行了世界青少年机器人邀请赛。目前，工业机器人主导着全球机器人市场，市场份额高达 80%；机器人未来的发展热点将会是服务机器人，各国都在紧锣密鼓地布局服务机器人。其中，韩国已经制订了明确的服务机器人发展计划，并希望在 2015 年至 2020 年把服务机器人推广到每一个家庭中。

此次世界机器人大会让我们了解到了世界范围内机器人的发展情况和发展趋势。我们非常期待服务机器人的到来。这次大会上展出的情感交流机器人就是服务机器人，它能和人们促膝相谈，犹如人们的知心朋友。服务机器人可以独立完成人们指定的工作，但遗憾的是它们还没有真正走进我们的生活中，目前还待在实验室里。

不过，也有一部分服务机器人已经走进我们的生活之中，如扫地机器人、擦窗机器人、空气净化机器人、摄像机器人等。其中，最火的就是能够独立工作的扫地机器人。

2015 年 12 月，淘宝与《第一财经》商业数据中心共同发布了《中国消费趋势报告 • 2015》。该报告基于淘宝针对 3.86 亿名淘宝用户最近五年的消费行为大数据所作的分析。该报告中有一个问题令我们很感兴趣，那就是“2015 年，我们到底为什么买单”。淘宝给出了答案：智能扫地机器人发展势头迅猛。其中，科沃斯扫地机器人在 2015 年“双十一”期间获得了 3.12 亿元的惊人业绩，并喜获生活电器类目销售冠军。扫地机器人深受消费者喜爱，因为它能够独立完成家庭中的扫地工作，犹如勤快的小保姆。

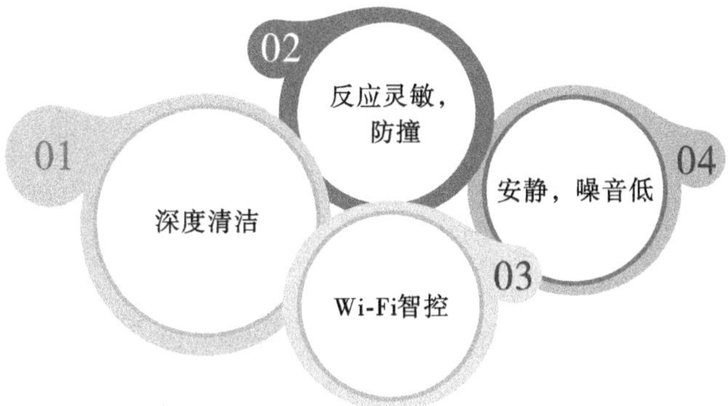

扫地机器人的四个重要组成元素

那么，扫地机器人是如何工作的呢？我们以扫地机器人中的黑马——科沃斯扫地机器人地宝朵朵为例加以说明。它融合了阿里云 APP 与超强蓝鲸清洁系统，可以一步完成扫帚、抹布、拖把三道清洁工序。它还可以利用简单的 APP 操作，为用户提供更加个性化的清洁方案，满足用户不同程度的清洁需求。用户只要把它接入家中的 Wi-Fi，不管身在何处都可以进行远程控制。这样一来，用户回到家中就能看到干净的地面。

扫地机器人是智能家电领域发展速度最快的，也是最受用户欢迎的服务机器人之一，其价格只有上千元。试想，我们请一位保洁小时工，一个月千把块够吗？肯定不够。可见，扫地机器人能够让我们花更少的钱享受到洁净的家居环境。

机器人的逻辑推算能力比人类强很多。在“大数据＋大计算＋专家调节”的领域中，人类根本无法与机器人相比，就像没有人能胜过搜索引擎一样。尤其是具有深度学习能力的机器人，它们不仅可以辅助专家，甚至可以代替专家，这可能会让一些人面临失业。有人预计，未来10年内，机器人就能独立完成现在的大部分工作，甚至可以独立完成记者、教师、护士、会计等工作。由于机器人可以24小时工作，工作效率极高，因此它们能比人类创造更多的财富。数十年后，它们可以养活所有的失业者。这可能会让失业者无所事事，进而失去创造力。这就是令人们害怕机器人走进现实的原因之一。

当然，我们对机器人的担忧不仅仅是“抢饭碗”“令人失去创造力”，还有更大的担忧，如它们会不会攻击人类，会不会威胁人类生存。一些专家高度关注军用机器人。军用机器人的使用会严重威胁到人类的生存，因此一些专家和学者极力反对军用机器人的研究。

哲学教授罗伯•斯派洛反对研发军用机器人。他明确地反对最有才华的工程师和机器人专家去研发杀人机器。它们不仅会导致战争更频繁，还会严重威胁到人类的生存。他与几位同事一起成立了国际机器人控制委员会。该组织大力支持“阻止机器人杀人运动”。哲学教授罗伯•斯派洛反对军用机器人的理由有三个：（1）军用机器人很容易制造冲突，不仅会导致政府轻易地发动战争，还会引发偶然性的战争风险；（2）它不会给对方任何提异议的机会，使本来可以通过谈话可以解决的问题变成通过战争来解决，增加人类的战争灾难；（3）全自动化的军用机器人会严重威胁到人类的生命。

机器人伦理研究人员西姆•威尔士也明确反对研发军用机器人，因为全自动军用机器人不能分辨敌我，不能区分平民和士兵，很可能造成不可控的伤害（如使被攻击对象缓慢而痛苦地死亡），并违反人道主义精神。他认为人们应该积极地利用法律来禁止研发军用机器人，维护国际人道主义。

我们应该把机器人的研究方向锁定在创造和平发展的人类社会上，让它们成为我们的左右手，让我们的生活越来越美好，工作越来越轻松。

可穿戴智能设备：手腕上的大数据

随着智能手机的普及，可穿戴智能设备获得了快速发展，成为了各大厂商的新宠。各种各样的可穿戴智能设备如雨后春笋般涌现出来，令人目不暇接。其中，赫赫有名的有谷歌眼镜、咕咚手环、小米手环、耐克手环、苹果 iWatch 等。这些企业推出可穿戴智能设备作为收集用户各种数据的终端。这些可穿戴智能设备大部分是佩戴在人们的手腕上，因此可以说，可穿戴智能设备就是手腕上的大数据。

很多互联网企业都在研发可穿戴智能设备，所以可穿戴智能设备领域已经成为了一片红海。那么，这么多互联网企业仍然执意进军可穿戴智能设备市场是不是在犯糊涂呢？当然不是，这是各家企业深思熟虑后的决定，因为数据可以帮助企业实现精准营销、精准匹配、精确管理等。一些高瞻远瞩的企业家洞察到数据是企业赢得未来的关键，因此不惜一切地获取数据，而可穿戴智能设备则只需很少的投入，就能让企业获得梦寐以求的数据，帮助企业实现自己的“大数据梦”。因此，无论这个市场竞争多么激烈，总会有新的互联网企业勇往直前。

可穿戴智能设备可分为眼镜、腰带、手环、手表、袜子、服装等细类，为什么大多数手机厂商、互联网巨头都钟爱智能手环和智能手表呢？这与用户的使用习惯有关。用户的使用习惯决定着企业能否通过可穿戴智能设备实现大数据梦。

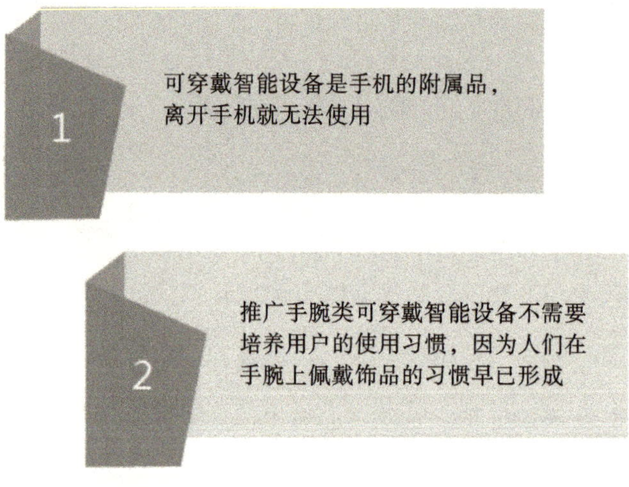

创业者钟爱手腕类可穿戴智能设备的两方面原因

易到用车 CEO 周航指出，可穿戴智能设备争夺的制高点是手腕。

他列举了一些深受用户欢迎的可穿戴智能设备，如咕咚手环、Nike+ Fuelband、Bambook智能手表、小米手环、苹果iWatch等，它们充分证明了手腕类智能设备最火。手腕类智能设备不断推陈出新，一场手腕上的争夺战正在展开，而这场战争的本质就是争夺用户大数据。手腕类智能设备可以通过传感器检测用户的体温、心率、血压等数据，如果用户能够持续地佩戴此类智能设备数年，这些数据将被完整地记录下来并上传到云端，进而形成用户的身体数据库。如果该手腕类智能设备被成千上万名用户使用，就会形成大数据。企业获得这些数据之后，就可以从中挖掘出新的商机，这对于企业长远发展的价值不可估量。

咕咚网已经推出了三款可穿戴智能设备，分别是咕咚手环2微信版、智能码表和智能脂肪秤。咕咚网CEO申波曾说，这三种产品中手环卖得最好。这再次说明了用户更喜欢手腕类可穿戴智能设备。

手腕类智能设备卖得火热得益于人们已经养成了在手腕上佩戴饰品的习惯。企业做手腕类智能设备，可以避免“烧钱”培养用户的使用习惯。很多人眼睛近视了之后都不愿意佩戴眼镜，而是喜欢用隐形眼镜。由此可见，习惯的重要性。如果其他企业像谷歌一样研发智能眼镜，销量很可能会不尽如人意。这将使企业很难获得更多的用户数据。再比如，很多男性喜欢穿着合身的牛仔裤、休闲裤，很多女性喜欢穿着弹力裤，都不用佩戴腰带，只有那些经常穿着西裤的人才会佩戴腰带。这反映出很多人并不喜欢佩戴腰带。如果企业推出腰带类智能设备，可能也会遭遇滞销。

企业要想实现自己的大数据梦，需要经过以下三个步骤。

（1）培养用户佩戴可穿戴智能设备的习惯。可喜的是，不少用户已经养成了这个习惯，企业不需要再花时间、财力去培养了。很多手机厂商洞察到了这一点，毫不犹豫地推出了自己的手腕类智能设备。

（2）将可穿戴智能设备成功推销给用户。很多手机厂商、互联网企业生产智能手环、智能手表并不仅仅是为了赚钱，而是为了获取用户数据，小米就是其中的典型代表。在小米手环没有问世之前，市场上的手环价格动辄数百元，甚至上千元，如美国的 Jawbone 价格接近 1 500 元。小米为了推广自己的手环，不惜赔本，其价格仅为 79 元。小米生态链产品总监夏勇峰曾透露，小米手环前期投入了大量的研发成本，销量达到 300 万枚才能不亏损。可喜的是，短短一年内小米手环的销量就突破了 600 万枚，跃居全球第二。2015 年 12 月 26 日，小米手环制造商华米 CEO 黄汪透露，小米手环 2015 年全年销量超过了 1 000 万枚，成为了国内最畅销的智能手环，并建成了国内最大的人类活动数据库。

（3）企业要想办法让用户持续使用自己的可穿戴智能设备。可穿戴智能设备普遍面临续航能力不足的问题，而小米则攻破了这个难题。小米手环实现了 30 天的超长待机。于是，小米获得了大量用户的喜爱。用户不用经常给设备充电，就会长时间地将其佩戴在身上。

企业只有做到以上三点，才能真正把可穿戴智能设备变成获取用户各项数据的终端，才能真正实现自己的大数据梦。

粉丝经济：数据才是核心

在大数据时代，每个人都是大数据的生产者。谈起大数据，有人会说："谁拥有大数据，谁就拥有话语权。"我们每个人既是大数据的创造者，也是受益者。

如今的社会，粉丝十分重要，拥有粉丝就说明你得到了拥护者，他们聚集在一起会产生令人意想不到的粉丝效应。我们随处可以看到受益于粉丝效应的人、团体或企业。品牌代言就是一个典型的例子，为什么很多广告商愿意花高价找明星代言？就是因为明星能够带动粉丝经济，拉动消费。

如果企业不请明星就没有办法实现粉丝经济吗？不是。只要你能够积极地带动一群人，你就能实现粉丝经济。但是，粉丝经济的核心是大数据。谁拥有大数据，谁才拥有话语权。如果企业拥有海量的用户数据，想让用户买单就会变得更轻松。企业只需分析用户数据，获得用户的真实需求，然后根据用户的需求研发产品，就不用担心用户不买单。

纵观那些重视用户数据的企业，往往能够实现粉丝经济，也往往能够获得不错的收益，甚至可以用很少的投入获得巨大的回报。

小米进军智能手机市场的第一步是推出 MIUI 系统，建立小米论坛，吸引用户，并与用户不断地交流互动。这样做的目的是为了吸引数据的创造者——"米粉"。有了用户，小米才能获得用户数据，才能了解用户的真实需求，然后根据用户数据研发符合其需求的智能手机。

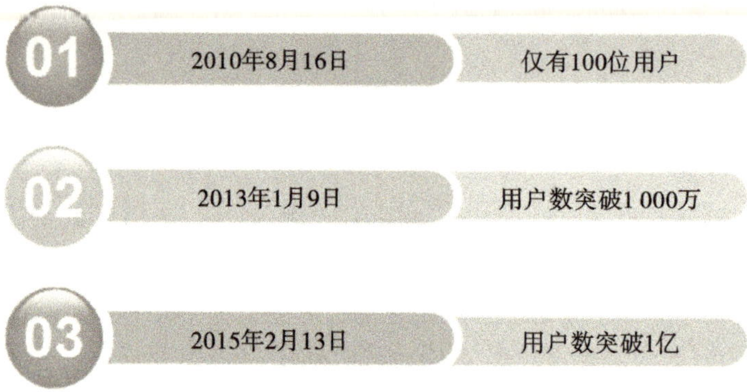

MIUI 用户增长的三个关键时刻

小米用户的数据显示，用户喜欢低价、高配置的智能手机。于是，小米团队就全力为用户研发这样的手机。小米团队为了满足用户对手机的高配置需求，说服了屏幕供应商夏普、芯片供应商英伟达、组装商富士康等，赢得了业内顶级供应商的支持。小米团队为了满足用户的低价需求，开辟了互联网营销渠道。在研发手机的过程中，小米团队还通过论坛、QQ 空间等渠道不断与粉丝交流，很快就积累了上百万名粉丝。结果，小米手机一推出就被抢购一空。短短四五年，MIUI 的用户数量就突破了 1 亿。小米的粉丝也给小米带来了持续、稳定的收益。“米粉”除了购买小米手机，往往还会购买小米电视、小米路由器、小米手环等，他们逐渐成为了小米最忠实的支持者。小米研发产品、增删产品功能都是以“米粉”数据为决策依据的。于是，小米产品总能得到用户的高度认可，小米智能手机销量快速做到了国内第一。

未来，谁拥有数据，谁就拥有话语权。众所周知，淘宝网获得了数亿用户的消费行为数据，小米通过小米手机、小米手环、小米路由器收集到了数千万用户的数据，它们都是数据时代的“富豪”。业内人士预测，淘宝网、小米会成为大数据时代的赢家。小米依靠的是不断产出数据的“米粉”，淘宝网何尝不是这样做的呢？它拥有数亿用户的消费数据，并深谙“用户的数据说了算”的道理，利用大数据进行精准营销，吸引淘宝网用户持续、不断地产生购买行为，从而成为了国内最大的网购平台。

大数据带来完美的个性化体验

“用户至上，体验为王”整天被创业者、互联网从业者挂在嘴边，但是说出来并不等于能做到。创业者只有真正做到客户至上，才能为用户提供完美的体验和极致的产品。从某种程度上来说，用户体验决定着企业的兴衰，甚至存亡。

众所周知，商场的环境优美，导购员衣着时尚，商品摆放整齐有序，这些都是为了给用户提供完美的、个性化的用户体验。商场在设计、装修、划分销售区域之前，通常会收集那些喜欢到商场购物的顾客的信息，并整理、分析这些数据。那些喜欢到商场购物的顾客收入比较高，喜欢优雅、宽敞明亮的购物环境。商场会根据这些数据来设计、装修商场，划分销售区域等。因此，环境优雅、宽敞明亮的商场往往能吸引很多具有高消费能力的顾客，并引导其持续消费，最终让商场的营业额不断攀升。

随着市场竞争日益激烈，消费者拥有了更多的话语权。企业要想吸引更多的用户，就需要想用户之所想。而个性化的购物体验则是大部分消费者的诉求，所以企业必须为用户提供完美的个性化体验，这样才有机会在激烈的市场竞争中取得胜利。

2016年1月20日，2016全球大数据峰会（GBDC2016）在北京举行，联想集团副总裁田日辉做了题为“大数据驱动五大智能连接，构建设备+云服务完美体验”的演讲。

他表示，联想集团是一家拥有大规模的、全球化的智能连接设备的公司。联想通过计算机、手机、硬件设备、智能手表等连接设备积累了很多用户。

联想积累了海量用户之后，根据设备上的用户数据来了解用户的需求。联想发现，用户不仅需要设备本身的体验，还需要“设备+软件+云服务”的体验。于是，联想不遗余力地从设备、软件、云服务三个角度来为用户打造服务，并把这三者整合起来，为用户提供三位一体的、端到端的解决方案，以此实现最好的用户体验。

联想基于用户对个性化体验的需求，推出了不少产品。其中，用户连接到设备的产品可供用户管理自己的数据，以及管理云中的数据；也有设备连接到设备的产品，如茄子快传就获得了广大用户的青睐。茄子快传在全球拥有4亿多用户，并在20多个国家和地区中成为了名列第一的应用类软件。它最终实现了用户到用户的连接。

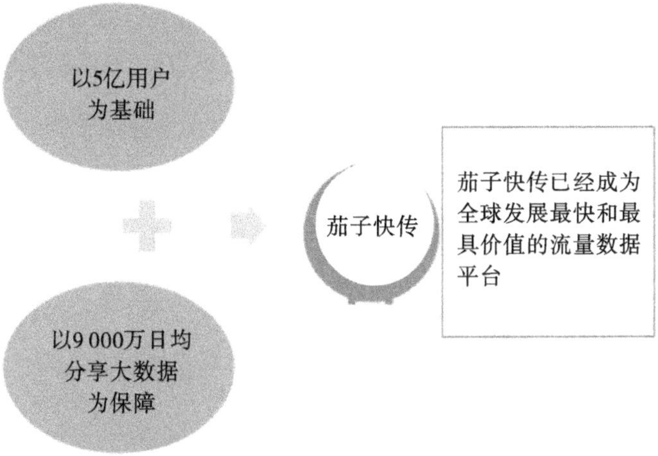

茄子快传成为全球大数据黑马的两个关键因素

无论是茄子快传还是应用商店、游戏中心，都是由联想的大数据平台来驱动的。例如，电商门户应该包括企业内部的数据、供应链的数据、服务的数据、质量的数据，只有将这些数据整合到一个数据库里，才能挖掘出数据的价值。大数据不仅要大，而且要建立起关联性，这样才具有挖掘价值。企业利用这样的大数据方能为用户提供完美的个性化体验。

联想集团重视大数据技术的应用，积极地部署全球化的大数据平台，获得了数亿用户，在全球500强企业的排名中得到了大幅提升。这表明，个性化体验有利于企业在激烈的市场竞争中不断胜出。

国内最大的自营式电商企业京东也在积极地打造个性化体验，并显示出了强劲的竞争实力。京东积极布局移动互联网，推出并不断优化京东微信购物。京东会根据之前的用户体验调查结果数据，对京东微信购物进行不断改版，通过优化购物版面细节来打造“千人千面”的个性化选购页面，这成为了精准营销的又一个利器。

改版后的微信购物转化率更高。某次改版后，京东微信购物推出了一款手表，下午17点开售，到第二天早上9点，成交额就达到了20万元。

这有力地说明了消费者更喜欢改版后的微信购物，也表明了改版后的微信购物提升了消费者的购物体验，令用户更加满意。

微信购物与商家的店铺建立连接之后，这样用户就可以通过微信浏览商品，并方便地进入商家店铺。这为用户购物带来了极大的便利，并提升了用户的购物体验。京东提升用户购物体验离不开大数据的支撑。值得庆幸的是，京东拥有海量用户消费数据，包括丰富的商品销售数据，完整的物流、仓储、配送、售后等覆盖电商全流程的物流数据，再结合微信的社交数据和用户的购物习惯数据，就能为不同的用户推荐适合其的商品，而且商品的种类和顺序都会不同，还会随着用户喜好的变化而变化。

第五章
人人都可以实现自己的数据梦

这是一个人人都可以实现自己梦想的时代。有挑战极限梦想的人可以借助《挑战无极限》平台来大秀身手；有歌唱梦想的人可以借助《中国好声音》的璀璨舞台来一展歌喉；有创业梦想的人可以借助众筹网、追梦网等众筹平台来实现。只要你有梦想，就有实现它的可能性。随着大数据平台的建立，以及大数据技术的发展，人们实现梦想的可能性得到了大幅提升。人们借助相关的数据可以实现自己的音乐梦、财富梦、创业梦。只要你重视数据、拥有数据、利用数据，就有机会实现自己的梦想。

数据可以产生财富

在大数据时代，思维模式的改变成了企业成败的关键条件，即尽快从不重视数据的思维转向重视数据的思维。数据背后蕴藏着巨大财富，如果企业仍然随意丢弃数据，就等于把自己未来的财富拱手让给了竞争对手，甚至会亲手断送企业的美好前途。因此，企业必须要不断地收集、管理、分析数据，让数据产生财富，甚至“点数成金”。

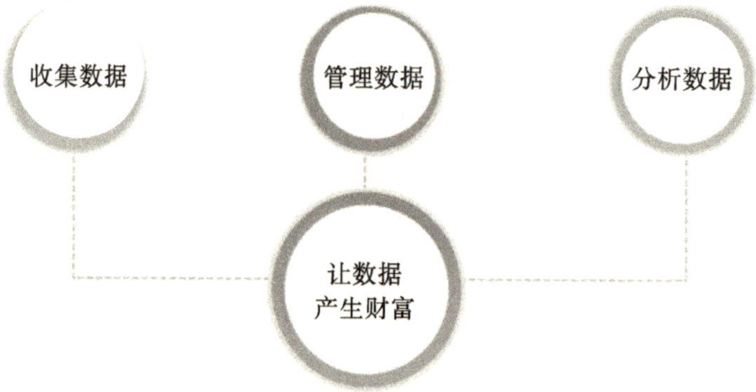

让数据产生财富的三个要素

提起冰箱，我们首先想到的是家电巨头海尔，而外贸出口冰箱龙头品牌奥马冰箱则始终没有在国内崭露头角。如今，国内家电市场竞争越来越激烈。于是奥马冰箱的管理层开始收集信息资料，找寻销售业绩不佳的原因所在。

数据表明，我国每年都会有上千万年轻人奔赴一二线城市。初到一座新城市，首先需要置办生活用品。随着经济发展水平不断提高，人们对生活质量的要求也明显提高，家用电器现已成为人们生活中的必需品。

通过对市场的调查以及对数据的分析，奥马冰箱深知，如果现在还不开拓电商市场，企业就不会有真正的进步。于是，奥马冰箱选择与京东商城合作，加入到电商的行列中。由于高端冰箱已被海尔电器等企业所占领，因此奥马冰箱决定做低端优质产品。在京东商城上，一款单开门冰箱的价格最低只要 555 元，而一款双开门冰箱则最低只要 799 元，并提供 30 天无理由退换货等服务，这让消费者有了更多的选择。

仅用两年，奥马冰箱就在国内家电市场中闯出了一片天地。它锁定“90 后”为潜在客户，这项决定来自于大数据分析。

有一家汽车公司想要寻求改变、创新，但是没有数据指引，不知道从哪里着手。于是，该公司决定做一次问卷调查。它们找到了商户平台“淘问卷”。令它们没有想到的是，仅短短几天时间，就回收了上千份问卷，而这样一次问卷调查仅花费了 10 元。同时，调查结果还能够将信息自动整合成 Excel 报表，这不仅节约了调查成本，也节省了做线下问卷调查的时间，更节省了人力统计问卷调查结果的时间。

通过对回收的问卷调查结果进行分析，该公司了解到了消费者对汽车的外观和性能的意见和建议。此次调查的对象是年龄在 25~40 岁，年收入在 5 万 ~10 万元的消费者群体。调查结果显示，有 50% 的消费者表示对该公司的汽车非常满意，有 40% 的消费者表示该公司的汽车还需要改善并提出了个人意见，还有 10% 的消费者对该公司的汽车非常不满意。另外，该问卷调查还询问了消费者能否接受网络购车？其结果是只有 8% 的消费者不能接受。

这些问卷调查产生的数据让这家汽车公司清楚地了解了消费者的需求，而且因为调查对象范围明确，所以对其数据的分析会更加准确。可以说，所有参与调查问卷的消费者都是该汽车公司的目标客户。

上述案例中的汽车公司通过调查问卷能够准确了解到客户的需求，

然后据此进行改造、创新，这样做能够满足大部分客户的需求，创造更多的效益。下面来看看互联网视频企业是如何创造效益的。无论是电视还是影院，或是网络视频，都会有广告播放，而用户观看的是节目而不是广告，所以广告令用户厌恶，但是很多公司是靠投放广告来创造收益的。很多视频公司虽然注意到了用户对广告的反感，但是大多数公司没有对此采取有效的措施。这时，乐视网第一个采取了应对措施。

那么，乐视网是如何做的呢？乐视网通过罗盘系统，成功地收集到了用户的详细信息，并通过地域、人群、内容、时间等信息作出整合与精准分析，根据对大数据的分析得出不同地域、不同人群都能看到自己想要观看的广告，这样就降低了用户对广告的反感程度。而且，为了最大程度地减少广告对用户观看节目的影响，乐视网将广告设置成了滚动页面，用户可以滑动手机屏幕来选择自己想看的广告。这样做不仅提高了用户点击率，更提高了广告推广率。此次创新改变使乐视网的广告收入大幅提高，是往年同期的近三倍。

这样的创新让人们更容易接受广告，虽然广告的选择性增多了，播放的次数减少了，但是其效果却得到了提升。乐视网成功地利用大数据解决了用户反感广告的问题。

数据可以改变命运

人们常说：“知识改变命运。”在大数据时代，大数据确实可以改变一个人的命运，甚至改变一个行业的命运。

人事科学研究院前院长王通提出，大数据可以改变人才的命运。他表示，如果人们了解大数据、利用大数据，将会更加熟练地驾驭自己的人生之舟。如果领导者了解大数据、利用大数据，就能够快速地识别人才，进而找到更多、更好的人才。如果年轻人能重视大数据，就可以快速掌握成长的秘诀，就可以早日成才、成功。因为数据里有价值、有规律。他建议人们要积极了解大数据、利用大数据。

的确，大数据可以改变人才命运，帮助人才获得更高的成就。

亚洲女子网球单打首位大满贯冠军得主李娜获得了第二次大满贯冠军，让所有的国人为之欢呼雀跃。李娜能够获得第二次大满贯冠军并不仅仅因为其技术高、运气好，而是很大程度上借助了大数据。她的教练卡洛斯就曾大方地与大家分享了李娜第二次获得冠军的秘诀，即利用大数据帮助李娜提升技术，进而更好地指导李娜训练、比赛，使其展现出最好的竞技水平。

任何行为都会产生数据，网球比赛也不例外。网球比赛的过程中会产生大量数据，其中重要的有一发成功率、一发得分率以及 ACE 球，这些数据是判断竞技水平的关键指标。其中，能体现球员打法特点的数据有得分点、发球成功率、发球速度。在教练过程中，双发失误率、非受迫性失误上升，说明球员体力或心理状态开始变得不佳。大数据技术可以实时统计这些信息数据，供教练和球员参考并评价比赛技术水平发挥的高低。在比赛过程中，教练和球员利用大数据还可以制定或及时调整比赛的战术和策略。

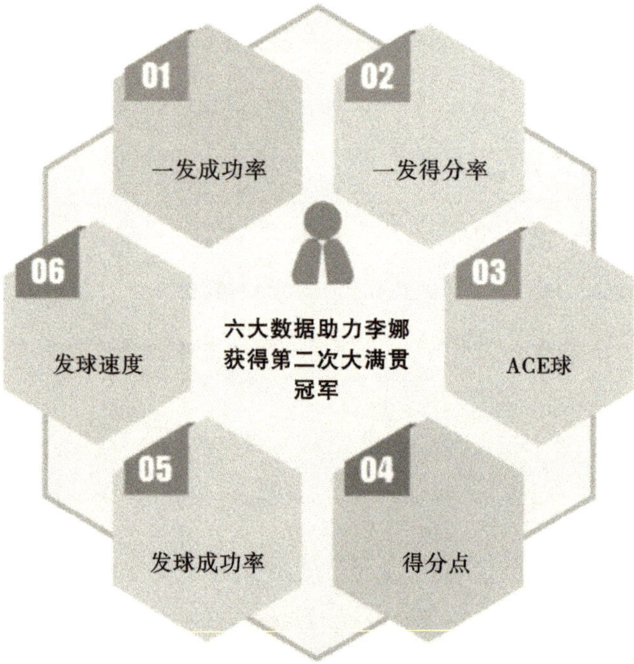

六大数据助力李娜获得第二次大满贯冠军

随着大数据在比赛中的不断应用，分析赛事的数据平台也应运而生。例如，IBM研制出的智能分析平台可以根据过去八年的赛事数据，对每一位球员以往的比赛记录进行分析，从而快速地获得每一位球员的关键指标。该分析平台可以处理海量的数据。比赛中涉及的数据很庞大，往往高达4 100万余条，包括发球速度、回合数、击球数量、比分、击球类型、制胜分等数个维度的数据。对此，该分析平台都能快速地处理，而它获得比赛数据的途径是通过球员身上佩戴的传感器。

李娜此次比赛再夺冠军，正是因为她和她的教练积极地分析一发成功率、一发得分率、ACE 球、得分点、发球成功率、发球速度等数据，然后通过这些数据调整战术，使她在比赛中发挥出了超高的水平，再创奇迹，一举拿下了冠军。可见，李娜此次拿下冠军与大数据分析息息相关。

大数据不仅可以改变人才的命运，还可以改变一些行业的命运。随着大数据的不断应用，人们开始尝试用数据来预测安防行业的发展趋势。其预测结果令业界人士兴奋不已，因为数据可以改变安防行业的命运。

随着智能设备的出现，使大数据、云计算、物联网等技术得到了进一步应用，也使安防行业找到了发展的新起点。其中，智能手机、平板电脑的不断普及为安防行业的发展带来了无限商机。于是，民用安防市场和产品得到了创业者、消费者的青睐。这一切都得益于智能手机的支撑。乔布斯凭借其敏锐的洞察力，将智能化概念融入了苹果手机、苹果平板电脑等产品之中，并将苹果手机与家用智能设备无缝对接。

在民用安防产品中，最受欢迎的是模拟监控摄像机。早在几年前，IP 监控与模拟监控竞争激烈，一些业内人士预测模拟监控将会消失。结果，模拟监控不仅没有被 IP 监控所取代，还产生了多种多样的模拟监控设备。这暗示着模拟监控摄像机的市场将不断扩大。

于是，人们对模拟摄像机市场产生了浓厚的兴趣。有关机构经过深入研究和预测发现，视频监控设备的销售仅在亚太地区就高达百亿元。随着防盗报警市场朝着智能化、多元化的方向发展，安防市场的发展趋势是全面优化资源整合。基于此，全球安防市场的销售额将高达千亿元。

可见，大数据、云计算、物联网等技术的应用，安防行业将迎来发展的春天。从某种程度上来说，大数据改变了安防行业的命运。

当然，大数据还可以改变更多人、更多行业的命运，让我们拭目以待。

大数据助你实现逆袭：我们都可以当老板

一些人上班多年，积累了丰富的工作经验和一定的资本，便会产生自己当老板的念头。随着创业之风的兴起，许多有这种想法的人开始走上创业的道路。俗话说："磨刀不误砍柴工。"创业者在创业之前应多了解创业的相关数据，如创业的环境、项目、成功概率等。深思熟虑地做事，即使失败了也无怨无悔，如果匆匆忙忙就开始着手去做，失败了难免会追悔莫及，甚至留下终生遗憾。令人庆幸的是，大数据可以帮助创业者在创业的过程中快速逆袭，实现老板梦。

在线影片租赁商 Netflix 根据其网站上的用户观看视频的数据，为用户量身定制了一部电视剧《纸牌屋》，在互联网界和影视圈一炮走红。

在影视领域，Netflix 投资拍摄的电视剧《纸牌屋》火速飙红。Netflix 的制胜法宝就是大数据。Netflix 的网站上拥有约 3 000 万订阅用户，Netflix 长期记录了这些用户在网站上观看视频的记录。统计数据显示，这些用户日均在 Netflix 上产生 3 000 多万个行为，包括添加书签、回放、暂停等，还有日均 400 万个评分、300 万次搜索。这些数据和第三方的数据都会被录入Netflix的数据库中。有了这个数据库，Netflix就可以随时在数据里淘金。

Netflix有了这些数据的支撑，决定进军影视业，并通过认真分析用户观看视频的相关数据，获得了电视剧的题材、演员、导演、播放形式等重要数据。于是，Netflix作出了投资1亿美元重拍政治题材剧集《纸牌屋》的决策，并邀请用户喜欢的大卫•芬奇执导，凯文•史派西主演，然后以用户喜欢的播放形式，把一整季13集全部投放出来供付费用户观看。结果，《纸牌屋》走红全球，让Netflix赚得盆满钵满，让制作方一举成为了影视业巨头。可见，创业者积极地利用大数据，就可以在新的发展领域实现快速逆袭。

在创业的过程中，创业者应了解的重要数据包括创业项目、创业区域、创业的重要条件、热门的产业。其中，创业项目排名前三位的是健康医疗，所占比例为20.1%；电子商务，所占比例为19%；金融业，所占比例为14.1%（制造业所占比例最低）。其中，最想当老板的人集中在广西、内蒙古及吉林三个地区。其中，创业的重要条件排名前三位的是社会关系，所占比例为47.8%；税收减免，所占比例为37.7%；开业手续成本，所占比例为29.5%。其中，“70后”青睐物流业，“80后”垂青金融业，“90后”热衷于房地产业。

创业者不可不知的四个重要数据

创业者掌握这些数据，就可以提高创业的成功概率，加速实现自己的老板梦。在很多领域，只要人们善于利用数据，就可以实现快速逆袭。尤其是在体育领域，效果更加显著。

在亚洲杯上，每一位国足球员身上都穿着“比基尼”背心参加训练、比赛。其实这个“比基尼”是一款可穿戴智能设备，它由 GPS 模块、心率带、多轴加速仪、陀螺仪等尖端科技元素构成，可以随时随地采集、监测球员的运动路线、运动距离和心率变化的参数数据。这些数据可以同步到计算机上，经过对这些数据进行对比、分析，可以制订出科学的训练计划、合理的比赛战略，甚至现场的指挥决策。

前国足主帅佩兰就十分重视提升球员的身体机能。利用可穿戴智能设备、平板电脑，他能够精确地掌握球员详细的运动数据和身体数据，然后严格监控这些数据，针对不同的球员设置不同的训练量，防止球员疲劳训练，影响在亚洲杯上的比赛。另外，他还利用这些数据快速地制定并改进训练战术。其实，佩兰利用这些数据做到了因材施教，使每一位球员得到了最好的训练，使球员身体机能得到了有效改善，如延长爆发冲刺时间、缩短疲劳时间。因此，在 2015 年亚洲杯比赛中，国足击败了沙特阿拉伯队、乌兹别克斯坦队及朝鲜队，在小组赛中所向披靡，一举夺得了小组赛冠军。

这启示广大的创业者只要懂得利用、分析数据，就能提高创业的成功概率，早日实现老板梦。

数据管理：我的团队我做主

数据管理不仅可以运用于产品的开发与营销，还可以运用于企业的日常管理与团队管理过程中。团队领导有效地运用数据分析与数据管理，不仅能适应移动互联网时代团队管理的需要，而且能全面提升团队管理的效率和绩效。

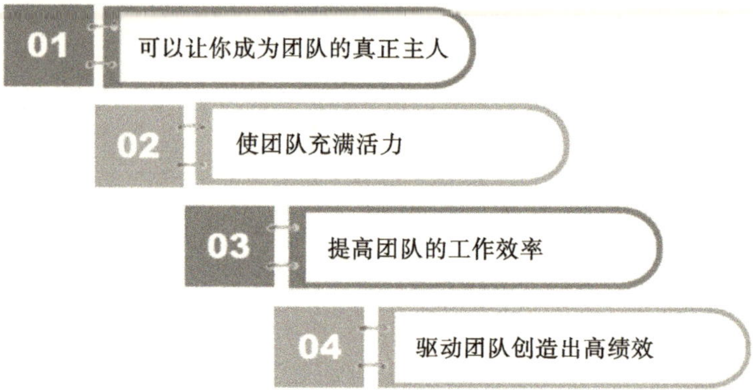

用数据管理团队的四个好处

管理者通过数据管理企业和团队，可以量化团队目标，让团队目标更加合理、明确。在手机市场上，智能手机企业纷纷通过以往的手机销量、销量增长速度等数据，来为团队制定未来一年的销量目标。这样做往往能够顺利实现预期的销量目标。

华为根据以往的年销量数据、销量增长速度、市场冷热情况、竞争程度等数据，制定了华为团队 2015 年智能手机的出货量目标为 1 亿部。结果，华为在手机市场不景气的情况下，努力实现了这一团队奋斗目标。

2015 年 12 月 31 日，华为手机公布了 2015 年的业绩：销售收入约 3 900 亿元，研发投入超过 1 000 亿元，在国内高端手机市场中所占比重不断增加，其智能手机的出货量也惊喜地越过 1 亿部大关。

2016 年 1 月，汇通网数据显示，华为 2015 年智能手机出货量超过了其预期目标 1 亿部，高达 1.08 亿部，这组数据令小米、TCL 等国内智能手机厂商侧目。小米预计 2015 年出货量为 8 000 万部，结果只实现了

7 000 万部。TCL 预计 2015 年智能手机及功能机的出货量目标为 1 亿部，最终出货量为 8 354.6 万部。与这些企业相比，华为手机 2015 年圆满完成了出货量的目标，成为了手机行业中的胜利者。

华为手机团队的领导者通过对以往三组数据的管理，为自己的团队制定了合理的目标。第一组数据，2014 年，消费者 BG 盈利能力持续提升，超额完成年度利润目标，预计销售收入超过 118 亿美元，同比涨幅达到了 30% 左右，第一次越过百亿美元大关！第二组数据，2014 年全年其智能手机出货量约 7 500 万部，同比增长速度超过了 40%，在全球稳居第三名，并与第一名、第二名的差距不断缩小。第三组数据，其品牌知名度在全球提升了 65%。据此，2015 年年初，华为手机团队的领导者为自己的团队制定了 2015 年全年的出货量目标。

从上述案例中可知华为的团队领导者十分重视利用数据管理团队，并以真实的数据为依据，从而为自己的团队制定了科学、合理的奋斗目标。华为团队实现了 2015 年智能手机年出货量的目标，使每一位团队成员备受鼓舞，获得了成就感。如果企业制定的团队目标过高，就会打击团队成员的信心，并且不能激发团队成员的工作热情和潜能。可见，管理者为自己的团队制定合理的目标，对团队成员影响深远。

管理者通过数据管理团队，可以实现量才而用，用人所长，能够提高团队成员的绩效和团队的整体绩效。

在某出版公司的编辑团队中，A 成员策划的市场图书很畅销，而其出版的定制图书则总是被作者投诉。团队领导通过对 A 成员过去工作成果进行数据分析，及时调整了A成员的工作任务，让A成员专职从事市场图书的策划工作。这一调整既能使A成员在工作中发挥出最大的价值，也为企业带来了稳定的收益。可见，利用数据管理团队可以使企业和员工实现共赢。

数据管理在员工工作岗位的调整中也发挥着积极的作用。有时候将一位员工安排在不同的工作岗位上会产生截然不同的工作绩效。这不仅有利于企业发现和培养人才，还能有效防止员工因为不适应原有岗位而造成人员流失。

某软件公司的团队领导者发现新的程序员小刘平时活泼外向，善于人际交往，但其在编写程序时却不能长时间保持精力集中。经过一段时间的考核，领导者综合分析了小刘的工作完成情况、性格、工作表现等数据，建议小刘做销售类工作。于是，小刘接受了领导的建议，开始从事销售工作。仅用三个月，小刘就成为了公司的销售冠军。

除此之外，管理者还可以利用数据管理为自己的团队挑选合适的人才，合理地组织团队成员开展工作，为团队成员分配合适的工作任务，合理地考核团队成员的工作绩效，为企业制定合理的管理模式等。

痛点：掌握别人的喜好

在研发、营销产品的过程中，很多企业所取得的成果往往不尽如人意。它们研发出来的新产品往往不被用户所接受，它们进行产品营销也不能吸引用户的眼球。追根究底，是因为它们没有找到用户的痛点，没有掌握用户的喜好。

美国手机用户曾总结了用手机上网的痛点，即找不到所需的应用、数据流量费用昂贵；国内的手机用户也表示用4G上网流量消耗快，甚至有被偷流量的现象。解决用户使用手机上网的这些痛点，手机厂商和运营商责无旁贷。

解决用户的痛点是企业做好产品的关键。企业要想有效地解决用户的痛点，就要根据用户的喜好做产品。这样企业研制出来的新产品才能得到用户的高度认可，才能使用户心甘情愿地购买。可见，如何掌握用户的喜好已成为企业家、创业者最关心的问题。

其实，解决这个问题并不难。如果企业能够掌握大量的用户数据，并利用大数据技术分析这些数据，便能准确地掌握用户的喜好。于是，很多与时俱进的企业积极地使用并分析数据，了解并根据用户的喜好研发产品。这样做往往能提升用户满意度。

随着大数据技术的不断应用，视频网站也开始重视用户数据。它们对网站上的海量用户数据进行整理和分析，可以准确地掌握用户的喜好，并为用户推荐其最喜欢的影视剧，甚至还可以为用户量身定制影视剧。其中，视频网站Netflix就是这方面的开拓者。此后，我国知名视频网站爱奇艺也重新挖掘自己网站上的用户数据，通过管理每一位用户的观影记录、对影片的评分等数据来了解用户的喜好，然后向用户推荐其喜欢的影视剧。这样做能让用户快速地观看到自己喜欢的影视剧，从而解决了用户找不到自己喜欢的影视剧的痛点，也为爱奇艺吸引了很多目标用户。

企业根据用户的喜好制定营销方案，进行产品营销，往往能大幅提升产品的销量。全球零售巨头沃尔玛就进行了大胆的尝试，并大获成功。

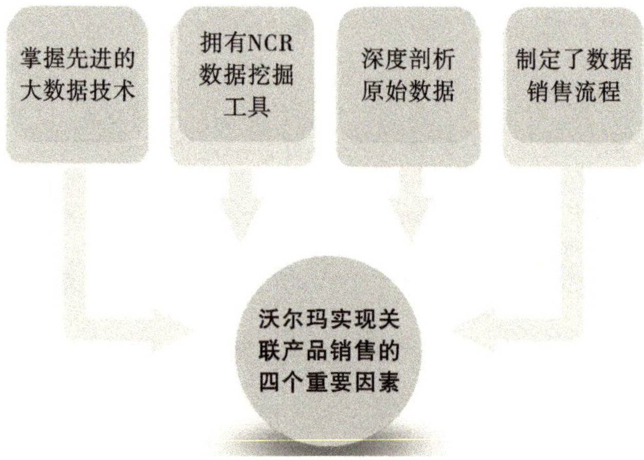

沃尔玛实现关联产品销售的四个重要因素

沃尔玛一直很重视顾客的购买数据和商品的销售数据，坚持记录顾客购物清单中的商品，并以此作为关联商品销售的依据。沃尔玛还掌握了先进的大数据技术，它们拥有NCR数据挖掘工具，可以深度剖析原始数据。依靠此工具，它们制定了完善的数据销售流程，实现了关联产品销售。沃尔玛通过商品销售的数据分析，得出尿不湿和啤酒捆绑销售的比例高达35%，即购买尿不湿的顾客中有35%的人还会购买啤酒。于是，沃尔玛制定了尿不湿加啤酒的组合销售方案，即把啤酒摆放在尿不湿的附近，让顾客在购买尿不湿时能够一目了然地看到啤酒。结果，许多购买尿不湿的男性顾客会随手购买几瓶啤酒。这样不仅方便了顾客购物，还让沃尔玛的尿不湿和啤酒销售额双双得到大幅提升。

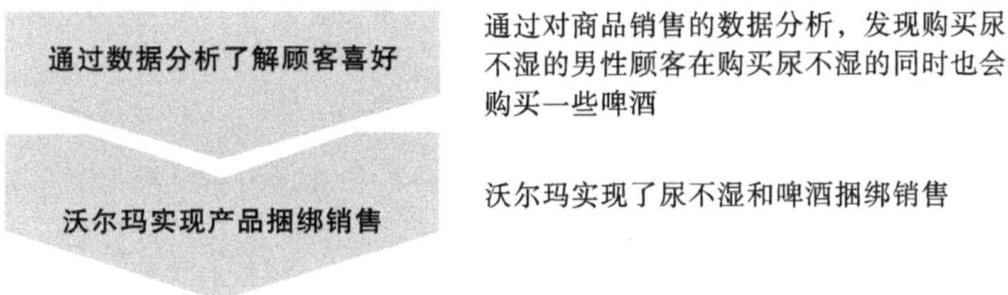

沃尔玛捆绑销售成功案例

茵曼企业通过对数据的分析了解到用户在订购商品后希望能快速收到货物，于是其立即改变经营模式，通过全国各地实体店发货，从而确保用户在 72 小时内就能收到自己订购的物品。这种经营模式受到了用户的一致好评，使茵曼企业在 O2O 商战中获得了胜利，并解决了用户在网购过程中漫长地等待货物的痛点。

只要创业者准确掌握用户的喜好，解决用户的痛点，就能获得成功。小米就是这方面的典型代表。小米科技创始人雷军就十分重视智能手机用户的需求，发现手机用户的痛点：喜欢高配置的智能手机，但是无法承受昂贵的价格。于是，他建立了小米论坛，在论坛上与手机用户主动交流，获取了手机用户的真实数据，然后根据这些数据快速地掌握了手机用户的喜好。最后，雷军带领自己的团队为手机用户研发出了高配置、低价格的智能手机，赢得了广大手机用户的认可，使得小米在手机市场中脱颖而出，并快速地做大、做强。

小米的快速成功再次表明，企业要想用户所想，积极地解决用户的痛点，根据用户的喜好做产品，就能得到用户的高度认可。

用好大数据，快速提高收益

在大数据时代，如何让收益迅猛飙升？关键是要做到精准营销。很多人认为拥有了大数据就等于成功了。事实上，一个不懂如何运用数据的人是无法创造更大利益的。

下面的一则故事向我们说明了即使你懂得简单的道理，但却无法做到精准判断，那么就算你收获了，也仅仅是九牛一毛。

有一位年轻的猎手来到非洲，他想要猎杀一头狮子，可是没有捕猎经验的他不知道该如何寻找猎杀对象。于是他向有经验的老猎人请教，老猎人说道："如果你想抓住狮子，你必须要了解三个特征。第一，你需要知道狮子经常出没的地方；第二，你不能抓带孩子的母狮子，因为母爱是伟大的，它会和你拼命；第三，你要找那些看似瘦弱温顺的母狮子，切记不要挑战高大威猛的雄狮。"他非常开心地谢过老猎人，然后带着自己觉得已经熟知的技能去捕猎。第二天，他兴高采烈地来到老猎人的住处炫耀，结果老猎人非常惊奇地问道："这是怎么回事？"年轻人指着狮子犬说："我按照您的建议，发现狮子经常在水草丰富的绿洲旁出没，而且要寻找温顺的，且没有孩子的，结果就发现了它。"年轻人委屈地指着手里的狮子犬，老猎人叹息了一声。

虽然年轻人得到了能够助他成功的信息，但是他没有进行精准的分析和判断，导致他最终失败。当我们想要达成目的时，一定要将目标放在第一位，而不是数据。数据只是指引我们前进的方向与动力，关键是要对数据进行深度分析、挖掘。

2014 年 7 月，一部由网络游戏改编的电影《龙之谷》上映了。在电影上映前，电影行业内的专业人士并不看好它，可是上映之初，该电影获得了无数影迷的追捧。这样的结果令业内人士纷纷称奇，并称赞道："即使是专业人士拍摄，也未必能够有这样好的效果。"很多专业人士都认为网络游戏受到追捧和喜爱，至少可以体验到它的乐趣，可是拍成电影后，无论是效果和体验都没有游戏更贴近。其实，这与制作方通过对大数据的精准分析而制定出了精准的营销方案有着密切的联系。

盛大游戏已经运营近五年了，积累了大量的用户，盛大就是将这些用户信息整合成了大数据。通过这些数据，它们分析出了用户对于游戏人物造型以及性格甚至是游戏战略等方面的信息，根据这些信息它们制作出了电影《龙之谷》。电影中的人物以及配音都按照分析的数据进行匹配，邀请了当红明星为电影中的人物配音，并且通过明星的宣传与推荐产生粉丝效应。另外，为了影片的拍摄效果，盛大还邀请了制片人比尔•伯顿以及艺术指导格兰特•梅杰，这在无形之中就产生了"粉丝效应"。结果，电影《龙之谷》取得了不俗的票房成绩。

从上述案例中可知，企业要想取得成功，就必须实现精准营销。

温特资本市场公司 CEO 保罗•霍廷每天的任务就是对各种信息进行判断，然后为公司进行风险投资以及控制股票的买入和抛售。与经济有关的事情都会成为大事，尤其是巨大的金额交易。保罗•霍廷每天到公司都会打开他的计算机，然后分析、统计网民的信息，并将这些信息用数值的方式标注出来，如果满分是 100 分，那么 50 分就是分界线，低于 50 分，就表示网民的情绪非常消极、焦虑。这时他就会将股票卖出；超过 50 分，就说明网民的情绪是积极、乐观的，这时他就会毫不犹豫地买入股票。保罗•霍廷通过对大数据的分析，能够准确地判断出网民的情绪，让公司在第一季度的收益率就达到了 7%。

用好大数据的重要性

从上述案例中可知，用好大数据可以取得最大回报。

精准营销：比女人更懂女人

大数据正在潜移默化地改变着一切，不懂数据的人必将被时代所淘汰。如果你有创业梦想，但还没有明确的创业方向，那么你不妨多关注女性群体。

全国第六次人口普查数据显示，我国 25~50 岁的女性人口数量已达到 2.6 亿。女性是一个庞大的消费群体，也是一个具有很强经济能力的消费群体。如果创业者能够拥有女性用户大数据，及时地掌握这个群体的需求，并进行精准营销，那么定能创造更多的收益。

那些在服装行业、化妆品行业的杰出创业者，大多数是长期关注、了解女性用户，进而积累了海量的女性用户大数据，并通过这些数据掌握了女性用户的需求，因此它们推荐的商品无不受到女性用户的喜爱。从根本上来说，它们利用女性用户大数据做到了精准营销，从而比女人更懂女人。

实践证明，利用女性用户大数据，为其精准匹配商品或推荐商品，可以有效地提高电商网站的成交率。

厦门大学的柯国霖和他的团队曾经参加了阿里巴巴的一场比赛，就是如何利用用户大数据为其精准推荐商品，以提高网站的成交率。他们先是积累了上百亿用户行为的数据，然后根据这些数据建立数据算法模型，并利用这个模型分析用户在网站上的品牌偏好和行为习惯，精准地掌握了这些用户的需求，然后预测这些用户接下来会购买什么商品。如果某位用户经常在淘宝网上浏览上衣，他们就会根据该用户一段时期内浏览上衣的数据，在该用户的网站首页上为其推荐上衣，以及裤子、裙子、鞋子等搭配商品。如果某位用户这一次购买了手机，他们接下来就会给该用户推荐耳机、手机保护套、手机电源等。他们推荐的商品往往深受用户欢迎，有的用户会浏览，有的用户会购买。柯国霖和他的团队正是通过大数据分析技术，精准地了解了用户的需求，让他们变成了“推荐专家”。他们不仅能精准地预测出用户接下来会购买的商品，还能精准地向用户推荐商品。他们通过用户大数据研发的首页成交率比阿里巴巴工程师都高出了16.14%。

从上述案例中可知，企业根据女性用户的消费行为等大数据向其推荐商品，将更受女性用户的欢迎。唯品会、美丽说、天猫都是根据女性用户大数据，掌握女性用户的需求，进行精准营销的成功企业。许多女性用户在唯品会上购买其推荐的服装时往往会情不自禁地称赞道："比女人自己都懂女人。"那么，唯品会是如何做到的呢？

有人说："爱一个人就要了解她、关心她。"唯品会正是爱广大的女性用户群体，积极地了解、关心她们，从而比她们更懂自己，持续赢得了女性用户的喜爱，使唯品会在特卖女装市场中迅速脱颖而出，成为了我国业内领先的女性垂直电商。

唯品会能取得如此好的成绩，这与数据密切相关。唯品会利用女性用户数据做了三件事，从而精准地抓住了女人的心。

（1）培养"女人缘"。唯品会在特卖电商领域长期深根细作，推出了"精选品牌、深度折扣、限时限量"的特卖模式，恪守"低价、正品"的原则，这契合了广大女性用户的需求。一项调查研究结果显示，女性用户在母婴、美妆、服饰及家居方面掌握着绝对的主权，这些也是女性用户网购最多的四类商品。唯品会长期关注女性用户的消费数据，敏锐地洞察到了女性用户的消费能力和消费需求，积极地开拓母婴、美妆、服饰及家居商品，并把其作为唯品会的四大主营业务产品。正因如此，唯品会受到了广大女性用户的喜爱：唯品会的注册会员数突破了1亿，其中80%的女性用户贡献了90%的销售量，70%的女性用户成为了回头客。

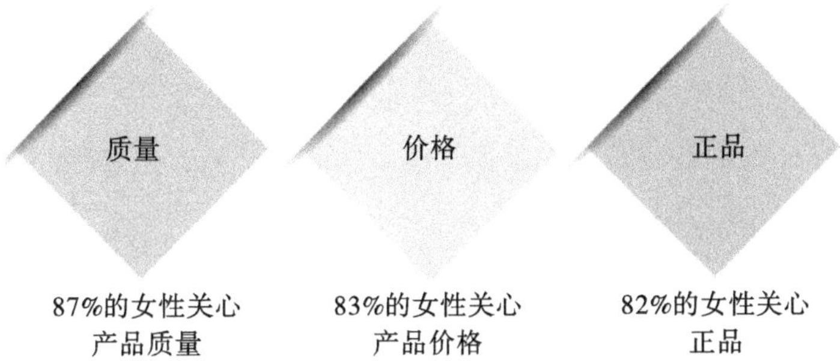

女性网购时最关心的三个要素

（2）研究“女人学”。唯品会的管理者在公司发展的过程中十分重视女性用户，并十分重视收集、提炼女性用户消费数据，以便精准地掌握女性用户需求，然后根据这些需求为其量身定制服务，制定产品营销方案。为此，唯品会专门在美国硅谷建立研发中心，借助硅谷在用户大数据上的领先技术，深入地了解女性用户的心。

（3）提升“女人味”。为了增加在女性用户当中的人缘，唯品会十分注重提升自己的“女人味”。唯品会通过长期收集、分析女性用户的消费数据，不断发现女性用户的新需求。例如，唯品会紧锣密鼓地研发手机APP，并推出唯品会微信公众号，以满足女性用户在移动端网购的需求。又如，目前，唯品会已与12 000余个优质品牌达成合作，极大地满足了女性用户的多元化购物需求。再如，女性用户有晚上购物的需求，这类女性用户所占比例接近30%。于是，唯品会推出了“晚8点移动特卖专场”等活动。唯品会利用海量的女性用户消费数据，致力于打造个性化服务，推出了“520姐妹”“814撒娇节”“双11女王的盛宴”等专属于女性用户的网购节日，让自己成为了一个拥有浓浓“女人味”的特卖网站，让女性用户在唯品会上逛街总能尽兴而归。

唯品会利用大数据分析技术竭尽全力地为女性用户省钱，为其寻找、推荐高性比价的商品，并为其提供极致的购物体验，最终把品质生活和快乐体验带给了广大女性用户，获得了她们的支持，迅速成为了最畅销的特卖网站。总而言之，创业者一定要重视收集、分析女性用户大数据，并根据这些数据进行精准营销，从而获得更多女性用户的认可，助力企业做大、做强。

倾听民众的声音：奥巴马走向总统之路

外出吃饭前，我们会先到美团、大众点评等餐饮平台上了解餐馆的菜品种类、菜品味道、餐馆环境、服务态度、原料质量、上菜速度等信息，然后再决定到哪家餐馆就餐；网购服装前，我们会先了解商品质量、使用效果、物流速度、售后服务等信息，然后再决定是否购买该店家的商品；旅行前，我们会到携程、去哪儿等旅游平台上了解景点、路线、价格、酒店等信息，然后再决定旅游目的地、出行方式等。可见，大数据与我们的生活越来越密切，就连竞选总统这样严肃而重大的事情，也可以通过数据提前预测竞选结果。如果竞选者善于倾听民众的声音，就更有把握成为胜利者。

只有倾听民众的声音，才能了解其真实意愿，从而投其所好，博其欢心，进而获得其心甘情愿的支持。

如今，美国总统候选人为了提高自己的胜算，积极地利用社交平台、大数据技术等亲近民众，了解民众的喜好，从而获得尽可能多的选票，为实现自己的总统梦铺路。

美国总统大选竞争激烈，候选者会使出浑身解数与竞争对手竞争。总统候选人也会借助大数据制定自己竞选总统的策略，且效果令人满意。

奥巴马竞选总统时就十分重视民众的数据，很诚恳地倾听民众的声音，并成功当选美国总统。奥巴马竞选总统成功的一个法宝就是大数据。奥巴马的竞选活动被业界人士称为大数据的终极应用。

2012 年奥巴马和罗姆尼竞选美国总统时的数据

总统竞选人或政党	现任民主党总统奥巴马的竞选团队、民主党全国委员会	共和党挑战者罗姆尼竞选团队及共和党阵营
筹款额	10.6 亿美元	9.54 亿美元

注：这是截至 2012 年 10 月 17 日的数据。竞选筹款已突破 20 亿美元大关，筹款力度已超过以往。

奥巴马在连任竞选中成功击败了竞争对手罗姆尼。奥巴马获得连任的当天，美国《时代》杂志发表了一篇文章，揭示了奥巴马再次赢得美国总统的奥秘——数据挖掘。竞选工作组的发言人本•拉伯特也表示，奥巴马团队拥有“核代码”，数据是战胜罗姆尼最关键的要素。

在奥巴马竞选总统之初，他的团队就通过大数据分析技术制定了相应的竞选策略，并很快赢得了众多选民的支持。一项民意调查显示，80%的美国选民表示奥巴马比罗姆尼更重视他们。于是，很多选民毫不犹豫地选择支持奥巴马。结果，奥巴马团队获得的第一笔1亿美元筹款中，低于250美元的小额捐款所占的比例高达98%，而罗姆尼团队的第一笔1亿美元筹款中，小额捐款所占比例仅为31%。这表明奥巴马得到了更多选民的支持和资助。

奥巴马团队能够快速地了解民众的意向，正是得益于大数据的支持。奥巴马团队竞选总指挥吉姆·梅西纳表示，竞选活动的全部过程中，没有数据作支撑的情况很少。

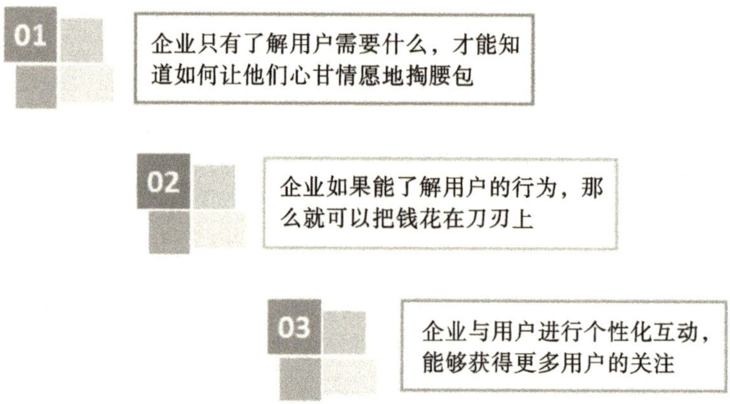

奥巴马利用大数据赢得连任给我们的三个深刻启示

（1）企业只有了解用户需要什么，才能知道如何让他们心甘情愿地掏腰包。用户的钱无不是辛苦赚来的，谁也不愿意轻易打开自己的钱包，只有是自己需要的东西，才会考虑购买。因此，企业要想让用户心甘情愿地掏腰包，就必须了解用户的需求。

在美国，竞选总统是一件“烧钱”的事情，竞选者要想在竞选中胜出，不仅要向民众争取选票，还要向民众筹集竞选款，二者缺一不可。奥巴马团队需要筹集 10 亿美元，这不是一笔小数目，要实现此目标不是一件容易的事情，但是奥巴马团队成功了。奥巴马的数据挖掘团队在过去的两年内搜集、储存并分析了海量数据。奥巴马第二次竞选总统的这一年春末，他们捕捉到了一个重要信息：美国西海岸 40~ 49 岁的女性喜欢好莱坞男演员乔治•克鲁尼。奥巴马的数据挖掘团队通过相关的数据，判断出这些女性会为了与克鲁尼和奥巴马共进晚餐心甘情愿地掏腰包。于是，奥巴马就动员克鲁尼为自己举办筹款宴，号召这些女性为奥巴马捐款，结果奥巴马顺利筹集到了上百万美元的竞选资金。

为了让这一女性群体广泛支持奥巴马，奥巴马团队决定在东海岸寻找一位对该群体有影响力的明星。结果，数据挖掘团队在寻找的过程中有了新发现——女星莎拉•杰西卡•帕克的粉丝喜欢名人、小型宴会及竞赛。根据这些数据，奥巴马团队决定立刻争夺在杰西卡•帕克的纽约豪宅聚餐的机会。结果，奥巴马团队成功获得了来自莎拉•杰西卡•帕克的粉丝的捐款。

这些策略一举扩大了奥巴马在西海岸和东海岸的影响力，让他迅速赢得了这两个区域民众的支持。民众愿意掏腰包支持奥巴马，他们的意向不言而喻。奥巴马团队通过挖掘数据，分析明星的粉丝信息，了解粉丝的喜好，就是想与自己喜欢的明星共进晚餐。奥巴马团队就投其所好，满足了他们的愿望，也让他们心甘情愿地为自己掏腰包。同理，企业通过分析用户的购买历史数据，了解用户的需求，并为他们量身定制产品，提供个性化服务，制定精准的营销方案，可以获得用户的持续买单，从而为企业带来稳定的收益。

（2）企业如果能了解用户的行为，那么就可以把钱花在刀刃上。奥巴马团队通过挖掘数据了解到了民众的行为，这样在竞选中所花的广告费就比竞争对手少很多。

奥巴马竞选团队支出的广告费不超过 3 亿美元，而罗姆尼团队支出的广告费用将近 4 亿美元。那么，奥巴马团队是如何做到的呢？原来奥巴马的数据挖掘团队经过缜密的数据分析，才制定出购买广告的决策。

打广告的目的是寻找目标选民。奥巴马竞选团队的一位官员表示，他们通过数据建模锁定目标选民。例如，迈阿密戴德郡 35 岁以下女性是他们的目标，奥巴马竞选团队就会先了解她们的行为，如她们喜欢什么、她们所在的地区有什么有效的宣传方式。通过目标用户的行为数据，奥巴马团队决定在非传统节目中打广告。例如，在 4 月 23 日的电视剧《混乱之子》《行尸走肉》和《23 号公寓的坏女孩》中打广告，其效果确实不错。芝加哥总部的数据显示，在电视平台上，2012 年的广告购买率比 2008 年提高了 14%。

奥巴马团队通过数据寻找目标选民，了解用户的行为，有助于其作出正确的、高效的广告购买决策，不仅节省了广告费用，还获得了较好的广告效果。同理，企业通过用户数据了解用户行为，可以为自己节省许多费用。全球利润第二的零售商乐购，通过了解用户行为数据为用户提供了个性化服务，使其获得了巨大的经济回报，仅市场宣传费用每年就减少了 3.5 亿英镑。可见，只要能了解用户的行为数据，就能让你用最少的钱办最大的事。

（3）企业与用户进行个性化互动，能够获得更多用户的关注。奥巴马在连任竞选的过程中，动员选民投票、与选民互动的方式因人而异，但绝不是千篇一律。奥巴马发现不少目标选民喜欢上社交新闻网站 Reddit，他便决定在此网站上回答问题，从而取得了“摇摆州”（选民还没有决定投票对象的州）志愿者的电话支持。后来，奥巴马发现 Facebook 上的用户响应率高，他便在 Facebook 上进行大规模的投票动员，并在该网站的某款下载应用上附上了投票的请求。用户只要下载此款应用，就会收到数条信息，其中一条信息是其在“摇摆州”的好友照片。还有一条信息是奥巴马团队请求该用户点击按钮，呼吁其“摇摆州”的好友（也是奥巴马的目标选民）支持奥巴马，如投票注册、更早地投票、参与投票。结果，收到 Facebook 上请求的目标选民中 20% 的人作出了回应。缘由是这些请求来自他们熟悉的人。于是，奥巴马从“摇摆州”快速争取到了一部分选民的支持。

奥巴马利用数据挖掘技术连任成功，让人们见识到了大数据的能量。2016 年美国总统大选吸引了泰德·克鲁兹、兰德·保罗、马尔科·鲁比奥等人。他们纷纷效仿奥巴马，利用数据倾听民众的心声，锁定目标选民。谁将成为白宫的新主人？谁的团队数据挖掘能力更强，谁的胜算就更大。

用数据实现音乐梦想

《中国梦想秀》《中国梦之声》《中国好声音》《星光大道》《出彩中国人》等很多音乐类节目、梦想类节目的数据表明，利用数据可以实现音乐梦想。下面我们来看看哪些音乐人士使用数据实现了自己的音乐梦想。

光良“咪咕音乐现场——光良与你的童话约定”演唱会中，主办方就利用大数据将演唱会的举办城市定为成都。

“咪咕音乐现场——光良与你的童话约定”专场定制演唱会在成都东郊记忆演艺中心成功开启。在演唱会上，歌迷很投入地品味光良的音乐，主办方聆听的则是“大数据”的“声音”。

这是成都第一场利用互联网、移动互联网、大数据挖掘技术举办的演唱会，创造了全新的演出模式。该演唱会没有采用传统“大而全”的演唱会模式，而是根据歌迷的喜好量身定做了“小而美”的个唱。项目发起人成都艺杉文化老总杜毅表示，大数据技术不仅能够帮助他们制定科学决策，实现个性化、精准化服务，还能准确预测出音乐的发展趋势，让他们了解到歌迷想看、想听什么音乐表演，什么音乐表演有市场潜力，从而降低他们的投资风险。此次光良个唱是音乐与大数据技术的一次完美融合，它能让每一位音乐爱好者获得前所未有的音乐互动体验。

可见，主办方根据用户数据作出在成都举办演唱会的决策很正确。

1 能挖掘出更大的音乐价值

2 让音乐主办方作出正确的决策

3 让粉丝获得前所未有的个性化体验

大数据对音乐有三个方面的价值

（1）大数据与音乐相结合，可以挖掘出更大的音乐价值。此次光良个人演唱会所参考的数据来自中国移动无线音乐基地（咪咕音乐的前身）。该基地是国内知名的正版音乐首发地，也是知名的音乐内容销售平台和音乐会员运营平台，其负责人通过具体的数据向我们展示了其数据规模之大：驰名全球的音乐内容合作伙伴有 1 400 余家，收录的正版歌曲近 260 万首，有 98% 的首发新歌，累积音乐下载量超过 100 亿次，移动用户数约 7 亿。其音乐相关数据大而真实，显然对该主办方有很大的参考价值，使其能够从这些数据中挖掘出更大的音乐价值。

（2）主办方挖掘数据价值，可以为演唱会演出作出正确的决策。主办方通过大数据，安排光良当演唱会的“先锋”。主办方负责人表示，中国移动无线音乐基地的咪咕会员数突破了 1 亿，随着手机客户端用户的不断增加，无线音乐数据也在剧增。这些庞大的数据表面看上去又多又乱，却藏着秘密。他进一步表示，他们收集并分析了四川地区用户的听歌行为、听歌时间、试听、下载等数据，获得了一个惊喜：四川地区的大多数用户很认可光良的《童话》《约定》《右手边》《掌心》等情歌；光良的《右手边》开创了无线数据的先河，获得了令人惊喜的成绩，下载量突破千万人次。正是基于这些数据，他们最终决定安排光良“打头阵”。

在该演唱会的门票预售阶段，180 元的高价位门票被粉丝火速抢光；在众筹网上发起“咪咕音乐现场众筹”，众筹目标金额为 10 万元，仅 4 天就众筹到了 2 万元。这些数据说明演唱会深受粉丝欢迎，并有利于主办方作出科学决策和快速找到目标用户，有助于其制定新的演唱会模式，有效控制演唱会的成本和风险，确保其取得稳定的收益。同时，他们利用数据挖掘技术，在音乐产业、音乐演出方面作出了新的探索，如音乐艺人分成的收益模式、定制演唱会等。

（3）数据能够让粉丝获得前所未有的个性化体验。虽然明星个唱屡见不鲜，但是此次光良个人演唱会的口号新颖独特——定制演唱会。通俗地讲，就是按照粉丝的要求，为粉丝提供一些个性化的定制服务。例如，主办方只要资助 1 100 元，粉丝就可以获得点播光良压轴演唱歌曲的特权，对所有的观众讲述他与这首歌曲的故事，并由光良为其深情演唱，这将让粉丝获得与光良同台演出的美好音乐体验；主办方只要资助 6 666 元，粉丝就可以在光良的帮助下，在众粉丝的见证下，实现自己的一个愿望或获得一个惊喜。这是主办方根据粉丝数据而为粉丝量身定制的服务。这两个定制服务中，歌星既是演唱者，又是粉丝互动的对象。有一位粉丝表示，他想让光良为自己的女友演唱《童话》，然后他在浪漫的氛围中向女友求婚。光良表示很期待与粉丝互动，愿意挑战创新的演唱会，尝试新技术。光良的“大数据演唱会”成功后，很多歌星也纷纷表示将尝试这一音乐模式。那些积极使用数据挖掘技术的歌星，在追寻音乐梦想的道路上蒸蒸日上，甚至突飞猛进。

一些企业也开始利用数据追求自己的“音乐梦想”。虾米音乐联合创始人就探究了汽车音乐与大数据的相关主题。他们通过相关数据分析发现，汽车从代步工具逐渐发展成为了人们的私人空间，人们在汽车里的娱乐方式主要是听音乐。汽车内部是人们消费音乐的重要场景。虾米音乐借助数据，迅速成为了安卓系统中最受好评的手机音乐客户端之一，后被阿里音乐相中并收购。阿里音乐通过汽车用户数据分析，从品牌、城市等维度出发，了解到了不同用户的不同需求，然后通过其推荐系统，在不同的场景下为不同用户推荐音乐。阿里音乐通过其超强的计算能力、人机交互功能，为用户提供了更贴心的音乐服务，最终解决了汽车音乐用户的诉求。

同理，一些想举办全国巡演的歌星也可以根据粉丝的期望数据、粉丝的数量，来决定其演唱会的模式、票价等，从而打造座无虚席的演唱会盛况。歌星汪峰的团队通过数据挖掘，得知很多大众希望看到他在鸟巢体育场举办的现场演唱会，但是由于当时经济条件所限最终无法实现。于是，汪峰的团队就为这些用户群体提供了在线演唱会的新选择，票价仅 30 元。最后该演唱会不仅创下了 10 万人在线的规模，还在互联网界引起了巨大反响，很多互联网人士赞不绝口：“这次汪峰玩的不是音乐，是颠覆——很可能颠覆演唱会现有玩法，开辟一种全新的商业模式。”最终，汪峰的演唱会圆满成功，不仅赚得盆满钵满，还获得了“国民歌手”的美誉。

第六章
用数据之眼洞察一切

有了数据分析，我们就可以洞察一切。企业拥有了用户的大数据，就可以精准地为用户推荐产品和服务。企业通过智能手环可以了解用户的健康、运动情况，为用户推荐合适的医疗器械、运动器械、保健品；企业还可以通过智能手机了解用户的年龄、上网情况、消费习惯等，为其推荐合适的新闻、娱乐项目和商品。企业掌握了用户的大数据，就可以全方位地了解用户，留住用户。

《小时代》和《致青春》成功的背后：大数据成票房神器

电影院经常推出国内外的新影片，用户是如何作出选择的呢？答案是利用数据的帮助。我们可以从数据中看出哪一部影片最受欢迎、哪一部影片评价最高。下面通过电影《小时代》和《致青春》让我们更深入地了解大数据的意义与价值。

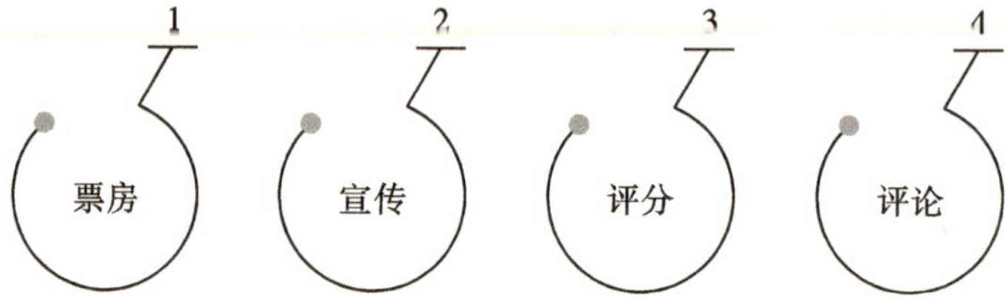

影响用户选择哪一部电影的四个因素

《小时代》之所以创造了高票房纪录就是因为它的前期宣传很成功，而且充分运用了互联网思维。

每一部电影的成功与否，都与导演息息相关，《小时代》也不例外。导演郭敬明抓住了粉丝的心，然后利用粉丝产生的大数据和粉丝效应，最终成就了《小时代》的高票房。

《小时代》系列电影上映前，制作方就开始与粉丝进行沟通互动，这带来了庞大的数据。通过收集与分析这些大数据，制作方将目标人群定位为15~25岁的年轻群体，制作方所有的营销推广，包括后期工作都是围绕着这群人进行的，最终获得了不错的效果。

郭敬明懂得抓住年轻粉丝的心，他知道自己的粉丝都是爱做梦、爱幻想的少男少女。不管其他人的评价如何，他始终是很多少男少女们的偶像，因为他懂得他们的心理。

郭敬明不但借助于他的粉丝群体，也借助于知名演员的粉丝群体。参演《小时代》的演员都是在年轻人中有高人气的，包括杨幂、柯震东、郭采洁等，据称他们的粉丝总数超过了一亿两千万。这是一个庞大的群体。这些演员的微博宣传使《小时代》在未上映前就吸引了大众的眼球，最终让《小时代》获得了成功。

提到《致青春》，我们首先想到的是赵薇。赵薇从演员成长为导演，她在十几年中不断变换着角色，但是永远不变的却是她的认真、执着。

2013 年 4 月 26 日，电影《致青春》上映了，这是一部十分文艺的电影，也可以说是一部“冷门”的电影，其题材被很多人不看好。有些人认为这部电影还有一丝希望，但那完全是因为赵薇很知名。

赵薇用 6 000 万元的成本制作了电影《致青春》，在不被业界人士看好的情况下，最终以 7.26 亿元人民币的票房获得了商业上的成功。这部不被看好的电影是如何成功的呢？答案还是大数据。

从《致青春》的制作到上映，导演赵薇一直利用互联网不断地进行宣传推广。由于赵薇是知名演员，拥有庞大的粉丝群体，因此她比普通的导演更有优势。她利用“大 V”博主互动展开对《致青春》的各种讨论，使《致青春》登上了互联网热搜榜，这在无形之中为《致青春》的高票房打下了良好的基础。

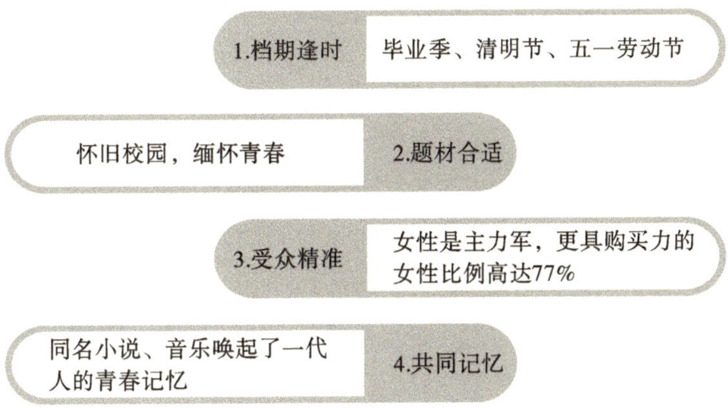

《致青春》票房大获成功的四个要素

说到该影片的上映时间，虽然 4 月 26 日看似没有什么特殊意义，实则不然，赵薇早就深入思考过电影上映时间的问题。上映时间会直接影响电影票房，如果《致青春》与国内外大片同时上映，就会分散目标群体的注意力。《致青春》是一部青春文艺电影，其目标受众是青少年。4 月 26 日当天，既没有国内外大片同时上映，也不是学生的开学季，但却正值学生的毕业季。这并不是巧合，而是赵薇深思熟虑后作出的决定。

4 月 26 日，广大学子正在大学里为毕业忙碌着、迷茫着、思考着，而《致青春》希望给即将毕业的学子们一个寄托。每个人都有面临选择的时候，而没有人可以替你做这个选择，《致青春》的出现满足了他们的精神需求。

《致青春》赢得了大量粉丝的支持，仅在官方微博上就有超过 18 万名粉丝不断转发互动。除此之外，赵薇还有名人助阵，如史玉柱、张小娴。另外，由王菲演唱该电影的主题曲，多位明星助阵宣传等营销手段使《致青春》一时间成为了众人关注的焦点。

大数据告诉我们《煎饼侠》是谁的最爱

做产品要了解用户群体，做电影也不例外。如果电影制作方不了解用户群体，那么其推出的电影将很难赢得用户的青睐，很有可能遭遇票房滑铁卢。

《煎饼侠》能够迅速走红绝非偶然。电影制作方并没有聘请特别知名的导演和演员，却仍然收获了超高票房，最终以 11.6 亿元收官。这在互联网界、影视界引起了巨大反响。毫不夸张地说，广泛的用户群体是《煎饼侠》票房持续攀升的动力。

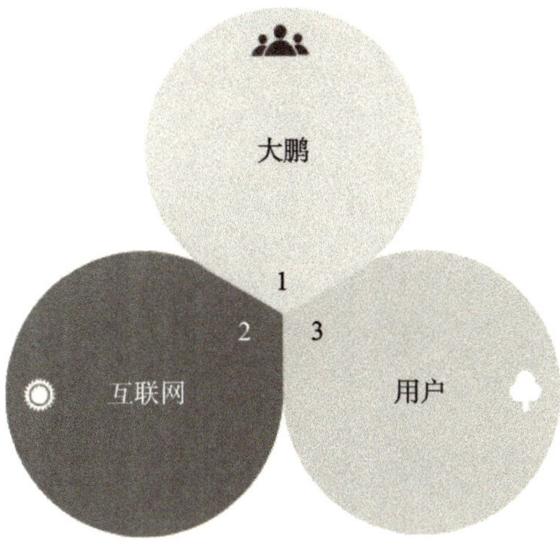

《煎饼侠》获得成功的三大要素

《煎饼侠》之所以能刷新电影票房纪录，原因是其创作团队利用大数据深入挖掘目标用户群体的需求，然后根据用户的需求编写剧本并制定营销策略。

那么，哪些用户喜欢观看《煎饼侠》呢？大数据分析结果显示，喜欢观看喜剧的用户，特别是女性用户更喜欢《煎饼侠》。《煎饼侠》刷新了电影首日票房纪录，迅速成为了人们的关注焦点。仅上映两天，《煎饼侠》口碑就得到了大幅提升，这与其受众密切相关。下面我们通过数据来看看这部电影的受众情况，主要从关注点、男女比例、年龄等方面进行分析。

观看该影片的用户中，29.5% 的男性观众和 27.1% 女性观众很关注影片的演员。女性观众更关注影片的故事、桥段、剧情，其数量是男性观众的两倍。男性观众更关注影片的宣传，如海报、预告片、新闻等，其数量比女性观众高出 1.8%。

在演员方面，最受观众关注的演员依次是大鹏、“东北 F4”和柳岩。其中，大鹏的关注度最高（比例为 25% 左右），得到了更多女性观众的钟爱，男性观众则更钟爱柳岩。

根据观众的关注点，我们可以推测《屌丝男士》的观众也会喜欢《煎饼侠》。大数据挖掘结果显示，8.6% 的《屌丝男士》观众喜欢并观看了《煎饼侠》。

在男女比例方面，女性观众比例明显高于男性观众。观看《煎饼侠》的女性观众所占比例超过了 60%。可见,《煎饼侠》更受女性观众的喜爱。

在年龄方面，年轻观众是《煎饼侠》的核心受众，20 ~ 25 岁的观众所占比例高达 40%，15 ~ 20 岁的观众所占比例高达 30%。可见，《煎饼侠》的主要观影群体是 25 岁以下的年轻人群。

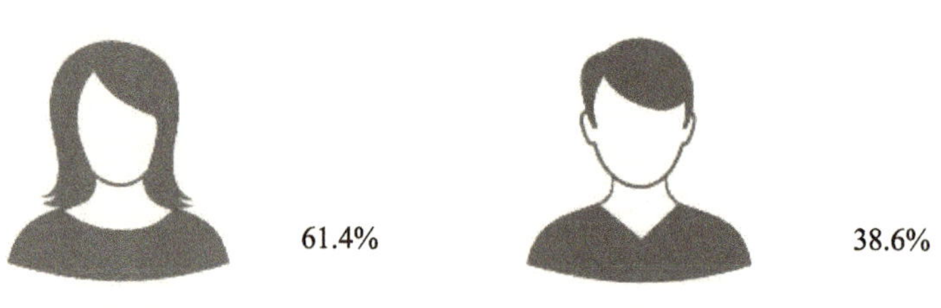

在男女比例方面，《煎饼侠》的女性观众比例明显高于男性观众

《煎饼侠》的用户口碑在上映后与宣传期相比有了令人惊喜的变化，

正面口碑飙升至48%（未上映之前正面口碑是21%），负面口碑则降至15%。一些很早就关注《煎饼侠》的用户看到该影片的预告片正面口碑为21%，就决定观看此影片。他们观看之前曾担心该影片只是预告片做得精彩，观看之后便消除了这种顾虑。这些反馈数据吸引了很多潜在的观众前往电影院观看。

还有一个因素就是，国内电影市场长期被青春爱情影片所占据，喜剧题材影片的推出能够让观众眼前一亮，而《煎饼侠》恰好在这个时候出现了。

《煎饼侠》在营销过程中充分利用了互联网，成功吸引了三类用户——粉丝用户、目标用户和大众用户。粉丝用户会主动为其传播，使之快速地锁定目标用户，提升票房。票房要获得进一步的提升，离不开大众用户的支持。要想获得大众用户的支持，就需要在媒体上不断制造话题，引发关注。《煎饼侠》上映期间，新闻头条媒体指数高达800，这有利于吸引更多的大众用户。

《煎饼侠》非常重视营销，为了获得更广泛的用户，导演和主演在35个城市中进行宣传，把很多用户变成了铁杆粉丝。这些铁杆粉丝成为主动传播影片口碑的自媒体。于是，这部具有互联网基因的电影，在寻找用户、融合用户、调动用户的营销方式的带动下，水到渠成地登上了同期上映电影票房榜首。

智能家居引领我们走在科技前沿

云计算、大数据、物联网是智能家居得以发展的三大关键支撑技术。智能家居通过物联网技术把家中的设备连接起来，让人们更方便地管理家庭设备。例如，有了智能家居系统，人们可以坐在床上拉窗帘、锁门、控制儿童房内的空调，还可以在上班的路上控制家中的空调、电饭煲、洗衣机、电视机，甚至可以在办公室内随时查看家中的安全状况。智能家居能让人们更便捷地管理家庭设备，从而使多个设备形成联动，如智能音箱与智能电视配合使用。智能家居系统内的各种设备之间可以进行通信，用户只要做好相关设置，使用时就不需要再发送指令，这些设备会自动互动运行，这能给用户的生活带来极大的安全性与舒适性。如今，云计算、大数据、物联网技术的蓬勃发展，使智能家居逐渐走进了寻常人家中。

下面我们来看看大数据是如何促进智能家居发展的。

智能家居产品要重视服务。企业要提供令用户满意的服务，就离不开大数据的支持。

智能电饭煲应用最广泛，几乎成为了每一户家庭的必备厨具。智能电饭煲可以为人们提供更加便捷的烹饪服务。以数据为基础，企业就能不断地优化服务。谁的智能家居设备服务更好，谁就更受用户喜爱，谁就更有市场。众所周知，家电产品同质化日益严重，功能都很齐全。例如，电饭煲产品不仅种类多、数量多，而且都具有蒸、煮、焖、煲等常用功能。企业只有保持领先，才能吸引用户，而创新则是企业战胜竞争对手的法宝。某智能电饭煲企业大胆创新功能，为电饭煲用户提供了社交功能。成千上万的电饭煲用户被连接成一个朋友圈，用户通过这个朋友圈可以了解圈内每一位用户的菜单，还可以下载到自己的电饭煲里，一键制作美食。这显然比普通的电饭煲更便捷。

由此可见，以服务制胜的智能家居设备更受用户青睐，也更有可能引领潮流。企业只有以海量的用户数据为基础，创新产品功能，并提供一流的服务，才能成为智能家居的引领者。

目前智能家居发展缓慢，原因在于互联网企业与家电企业之间的数据无法打通和共享。互联网企业与家电企业合作的事例屡见不鲜，并形成了几大阵营：阿里＋海尔＋魅族，小米＋美的，格力集团单独作战。虽然不少厂商对外宣称建立了战略联盟，实际上还是各自为战。

家电企业都在想办法使自己的家电联网，收集用户数据并分析用户行为。可见，用户数据对家电企业布局智能家居市场的重要性。互联网企业也快马加鞭地建设自己的云，希望家电厂商把服务器放在它们的云上，从而获得用户数据，这被互联网企业视为未来最大的财富。小米公司 CEO 雷军宣称“未来小米云的盈利点在数据分析”。由于数据决定家电企业、互联网企业未来的兴衰，它们谁也不想把自己的数据拱手让给对方，事实上这阻碍了智能家居行业的发展，以至于现在还没有什么重量级的智能家居产品出现。

智能家居虽然不断升温，但是仍然停留在概念阶段，实际应用很少。

智能家居之路还很漫长。要想真正实现智能家居，就要修炼大数据的三重境界。

智能家居市场广阔，但是现在大部分企业没有做出卓越的产品。导致这种现状的根本原因是大数据。大数据最终要实现动态调整，以此支持智能化的要求。以智能空调为例，只有根据室内外的温度、湿度，随时动态调整，才能保证人们随时获得最佳温度、湿度的居家环境。

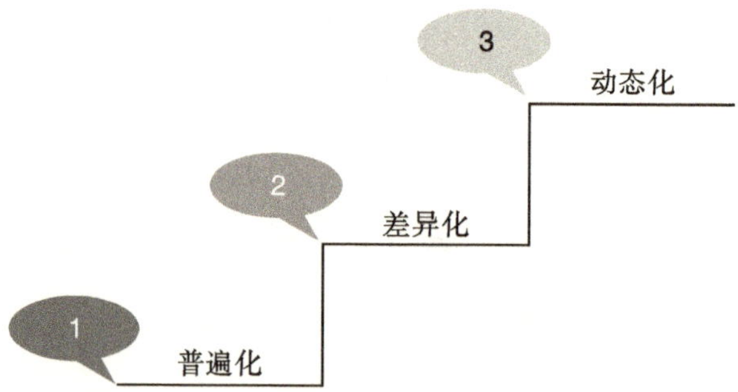

大数据的三重境界

（1）企业要积累足够多的数据，来了解大众的普遍需求。企业要想做出优秀智能家居产品，就要掌握大众普遍适应的居室温度、湿度等大数据，这样产品在初始设定的时候才能实现智能化的效果。

海尔在家电行业发展20余年，积累了大量的用户数据。海尔根据这些数据推算出了适合大众的居室温度，研发出了一款智能家居产品“星盒”，一举成为了智能家居的先锋。海尔之后仍以这样的方式开拓其他智能家居产品，这是大数据的第一重境界。

（2）企业在积累大数据的同时，要兼顾用户个性化和差异化的需求。

不同用户对智能家居产品的需求往往不同，这就要求智能家居设备能够根据用户的使用习惯实现差异化的设定。例如，智能温控器的直控模式可以不断收集用户数据，进而掌握用户的使用习惯，根据不同的季节、天气、室内外温度、白天、夜晚等数据，形成专属于该用户的数据曲线。通过这些大数据实现差异化的设定，是智能家居发展的第二重境界。

（3）企业要通过数据来实现动态调整。不同用户的需求不同，即便是同一位用户，其在不同的环境下对智能家居产品的需求也是不同的。这就要求智能家居产品能够根据用户的差异化需求作出动态调整。海尔星盒就能够对居室湿度进行动态调整。它能够实时检测居室内的湿度，当室内湿度超出了合适的室内湿度范围，它就会自动开启除湿模式。它还有"爱宝宝"模式，能够基于宝宝的月龄、所处地区、实时居室温度等数据，计算得出最合适的室温，并作出动态调整。大数据实现动态调整是智能家居发展的第三重境界。

智能家居产品尚处于发展初级阶段。企业要想在智能家居市场中获得领先地位，就不能没有智能家居系统、控制智能家居的设备以及设备互通的网络。目前，控制智能家居设备最重要的方式是手机 APP，因此智能家居离不开智能手机的支持。家庭智能设备联网则离不开智能路由器。

在智能家居领域，小米的智能家居得到了大数据的有力支撑，因此能够在市场中保持领先地位。小米以米柚系统、智能手机、智能路由器为支撑，快速形成了智能家居领域的生态闭环（智能家居生态圈）。

在智能家居领域，你获得的收益与你所做的生态圈大小有关，生态圈做得越大，收获就越多；你的产品能否领先，与你掌握的数据有关，你掌握的数据越全、越新，越能做出更受用户欢迎的智能家居产品。

DataKind：大数据如何驱动社会创新

随着“大众创业，万众创新”的口号传遍大江南北，人们的创新思维也被激发出来了。在创新的道路上，你是否洞察到了创新与大数据之间的关系？“大数据如何驱动产品创新”“大数据如何驱动政府创新”“大数据战略驱动创新发展”等议题不断走红互联网。

数据科学家杰克•普威从海量数据中洞察到了社会创新组织对大数据的迫切需求，并产生了一个愿望——建立一个数据的美好社会，使每一个社会创新组织都可以借助数据的力量来提升人们的生活质量。于是，杰克•普威不遗余力地创建了 DataKind，以此大力支持社会创新组织，并与它们一起研究“大数据如何驱动社会创新”这一命题。

那么，杰克•普威如何实现自己的数据梦想呢？他是通过以下三个步骤实现的。

1. 聚集社会创新力量
2. 筹划项目来驱动社会创新
3. 呼吁数据科学志愿者及非营利组织访问 DataKind网站并提交项目申请

大数据驱动社会创新的三个步骤

1. 聚集社会创新力量

社会创新力量有很多，而 DataKind 集结的社会创新力量主要包括社会创新机构和数据科学家。然后，DataKind 促进这些社会创新力量高效协作，通过先进的分析方法和算法对社会施加影响力。

DataKind 在成立的四年时间里，共吸引了数千名数据科学家。近几年，“大数据”成为了互联网热词，人们也对数据分析师的发展前景充满期待。值得庆幸的是，DataKind 拥有众多炙手可热的数据科学家，他们对未来社会创新事业的驱动作用非同一般。这些数据科学家分布在世界各地，少数是 DataKind 的员工，大部分是志愿者。他们拥有共同的价值观和兴趣。他们通过 DataKind 这一平台聚集在一起，利用自己的业余时间，凭借自身的数据科学技能快乐地投身于改变世界的事业之中。为了推进社会创新，DataKind 的分部每周都会举办聚会，并推出类别多样、时长不等的项目，将这些项目推荐给数据科学家，让他们根据自己的兴趣和时间来参与合适的项目，为社会创新事业尽一己之力。

这些志愿者往往来自驰名全球的数据驱动公司。这些志愿者加入 DataKind 的同时，也把其公司带进了 DataKind 的关系网络中。例如，微软现在已经成为了 DataKind 的社会创新机构，并且参加了 DataKind 发起的名为“利用大数据改善交通安全”的创新项目。

2015 年 8 月 29 日，微软宣布与 DataKind 建立合作关系。DataKind 实验室发起的 Vision Zero 项目，早在 20 世纪 90 年代就在欧洲创立了，主要目的是通过数据科学来制定更高效机动的措施，以此将所有的交通死亡和严重受伤事故数量降到最低。但是由于种种原因，该项目一直进展缓慢。随着数据的作用不断显现出来，DataKind 也尝试利用大数据来推进该项目。在微软的帮助下，该项目得以持续进展。

微软与 DataKind 开展合作就是想改变社会，尤其是改变城市环境。微软希望和 DataKind 合力让城市交通环境达到理想中的“零死亡”状态。该项目正在推进，微软与 DataKind 各尽其职，发挥各自的所长。DataKind 负责在美国重要的一线城市推广 Vision Zero 项目，微软通过不断投资该项目来给予尽可能多的支持。在微软的全力支持之下，Vision Zero 项目将获得可以查看和获取私营企业、独立个体及政府机构提供数据的权利。

这些数据是推进该项目的前提。DataKind 首先要对城市交通行为和模式进行确认，才能帮助城市进行有效的改善。要实现此目标，基本的工作就是收集大量的数据，然后才能判断出哪些方案是最高效且最合适的。

2. 筹划项目来驱动社会创新

数据是创新的驱动力，我们要推进社会创新，就离不开数据。DataKind 利用数据来驱动社会创新的主要手段就是筹划项目。它通过三大项目来实现“用数据改变社会并驱动社会创新”的美好愿望。

DataKind 实验室发起的典型项目之一就是利用数据提升道路安全。它属于前文提到的 Vision Zero 中利用数据提升道路安全的项目。数据科学家收集了纽约市的一些交通事故数据。他们查看了 Vision Zero Network 的数据，得知美国每年约有 3 万人丧生于交通事故，有超过 1 万人在交通事故中受伤。他们通过已有的交通事故数据，洞察到了交通事故可以被预测和控制，并坚信凭借数据和科学的力量可以找出事故发生的规律，从而帮助政府防范交通事故的发生。

Vision Zero 还提供了一个有价值的结论，那就是低收入人群、老人、小孩遭遇交通事故的概率较高，但是并未研究出有效保护这些群体的措施。DataKind 的员工艾琳认为这个项目是需要加快研究的社会问题，艾琳带领一群数据科学家继续研究此项目，希望给出有效的解决方案。他们收集并分析最新的私营企业数据、众包数据、公开数据，以此找出交通事故发生的规律，协助城市从政策、教育、基础设施三个方面着手解决道路安全这一重大社会问题。

DataCorps 就是一支数据团队，当中聚集了各行各业的数据科学家进行长期的项目研究，其主要目的是利用数据科学改善社会创新组织的服务对象和工作，协助社会创新组织掌握用户需求，找到可能的解决方案，并组建团队帮助创新组织分析数据。在这个过程中，创新组织会承担一小部分管理费用。DataCorps 的代表性项目就是“利用谷歌卫星影像定位贫困人群”。他们参考了 GiveDirectly（一个主张给贫困人群体捐款的慈善组织）帮助贫困人群的事件数据。

根据相关的数据和谷歌卫星图像的数据，数据科学家经过共同的努力，开发出了一套图像处理和机器学习算法，用来识别谷歌卫星图像上房屋屋顶的材料，然后这些志愿者在图片上做标签，短短一个周末，他们就完成了 1 500 张图片的标注。在算法成熟之后，数据团队的数据科学家大力推广了此项技术，最后成功帮助 GiveDirectly 解决了效率问题。

这个算法是基于数据的一次社会创新，它不仅让贫困人群获得了捐款，还提高了慈善组织的工作效率。

3. 呼吁数据科学志愿者及非营利组织访问 DataKind 网站并提交项目申请

其中，非营利组织在该网站上提交项目申请，就可以得到数据科学家的帮助，从而解决项目过程中遇到的问题。这个过程中产生的数据就是对 DataKind 的一种大力支持，因为 DataKind 可以利用这些数据不断地驱动社会创新，改善人们的生活。

如果你想通过 DataKind 平台成为创客并希望利用数据驱动社会创新，你可以捐助 DataKind，如捐款、提供数据及研究结果；如果你拥有数据相关的专业或技能，并决定成为 DataKind 的志愿者，那么你可以通过 DataKind 的官网进行快速申请，从而与 DataKind 平台上的所有数据科学家一起为美好的社会而奋斗。

DataKind 提倡的“用大数据驱动社会创新”不仅顺应了大数据时代的潮流，还是一个充满正能量的社会命题。相信它将得到越来越多数据科学家和社会组织的支持，从而获得更好的发展。

智能血压仪：用大数据监测身体状况

人们常说：“身体是革命的本钱。”医疗健康大数据可以较准确地反映出我们的身体状况。一些基于大数据的智能医疗设备已被成功研制出来，其中智能血压仪成为了大众瞩目的焦点。

早在两三年前，人们就开始研发与大数据相结合的智能血压仪，康康血压仪就是这方面的一个范例。

康康血压仪是“80 后”女孩小李的一个创业项目，她大胆追求创业梦想，辞去了 IBM 产品架构师的工作。随着“智能”和“大数据”的概念越来越火热，她决定在这两方面寻找创业项目。由于她母亲患有高血压，因此她经常会询问母亲的身体状况。也是这件事让她受到了启发。她认为，做血压仪要以用户的需求为出发点。于是，她开始研发智能血压仪，致力于满足高血压患者的需求，最终成功研制出了智能血压仪——康康血压仪。

小李向大家分享了自己做智能血压仪的研发思路，主要包含以下四点。（1）用户利用智能血压仪测量的数据，可以通过Wi-Fi或蓝牙直接上传到智能手机中。这样用户就能随时随地查看自己的血压数据。（2）用户多次测量的数据，在智能手机上能自动形成一条曲线。智能血压仪通过这条曲线与用户已有的数据模型进行对比，就可以分析出用户的身体状况。这样一来，高血压患者就可以方便地了解自己控制血压的程度。（3）用户使用智能血压仪测量血压数据并接受医生远程诊断，从而获得健康指导。这可以让用户获得更好、更便捷的医疗服务，有利于改善用户的身体状况。（4）老年人是使用血压仪的主要群体，但是血压仪往往是子女买给他们的，子女也很想了解父母的血压数据及其身体状况。有些老年人看不懂测量出来的血压数据，这时就需要子女的帮助，但是他们的子女往往不能随时守在他们身边。康康血压仪不仅可以与使用者的手机联网，还可以绑定其他手机号码。只要使用者测量完血压，被绑定的手机就会收到含有血压数据的短信。例如，小李的手机与她母亲使用的智能血压仪绑定之后，她母亲每次量完血压后她都会收到相关短信，她第一时间就能了解母亲的血压数据。

了解了康康血压仪的研发思路之后我们可以发现，此产品的独特之处就是实现了血压数据自动上传和分析，其本质就是利用大数据实现了智能测血压、了解身体状况并获得健康指导。但是，它也存在一些不足，主要表现在两个方面：（1）产品外形没有新意；（2）产品使用方式不够舒适，它仍然需要通过压迫的方式测量血压，因此不适合频繁使用，只适合一天测量一次。

康康血压仪的研发团队正在研究能每日连续检测，像手环一样携带方便且能获得数据曲线的智能血压仪。如今，市场上已经出现了能够24小时实时自动检测人们身体状况的智能血压器，其代表就是泰控云动态血压计。

2015年7月，360商城推出了一款与众不同的血压计，它就是国内医疗器械企业东方泰华旗下泰诺电子研发的泰控云动态血压计。该款血压计可以实现24小时实时动态检测血压。其价格为599元，使用方便、舒适，受到了用户的广泛好评。

资深智能硬件测评编辑王先生试用了泰控云动态血压计后发现效果相当不错。他表示，泰控云动态血压计的产品设计遵循使用方便的原则，与传统的血压计相比具有显著优势。在体积方面，它比传统的血压计更小巧，有利于随身携带；在体验方面，它比传统的血压计压迫感小很多，这使人们长时间佩戴也不会感觉不舒服；在功能方面，泰控云动态血压计具有云端共享功能，传统的电子血压计根本不能与其相提并论。

泰控云动态血压计可以自动生成动态趋势图，能让用户一目了然地了解自己一整天的血压情况。用户可以用手机APP便捷地操作，也可以实现24小时自动监控，还可以把数据储存于云端，形成专属于自己的健康档案。

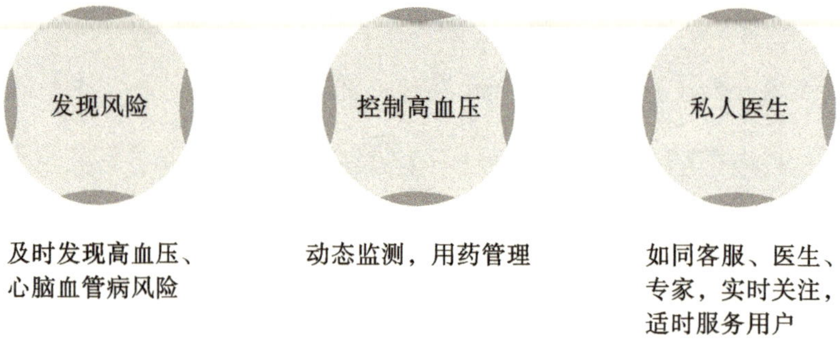

泰控云动态血压计的三个特点

泰控云动态血压计有两种检测血压的方法，一种是手动测血压，另一种是自动测血压，它很适合老年人使用。它在测量血压的时候有三个特点：（1）可以随时随地检测自己的血压；（2）可以通过手机分析血压变化数据，获得相关建议；（3）可以通过手机分析血压数据，从而为用户计算出降血压药物的使用剂量。泰控云动态血压计最独特之处在于它能够利用用户的血压数据来分析用户的身体状况，给予用户健康指导意见，让用户享受便捷的医疗服务。例如，用户向在线医生提供自己最近一段时间的血压数据或实时血压数据，就可以实现在线就医。因此，泰控云动态血压计被列为互联网云服务的智能案例之一。

智能血压仪可以让我们实时掌握自己每天的血压数据，还可以长期储存我们的血压数据，让我们获得自己的健康档案。用户佩戴 24 小时自动检测血压的智能血压仪，能轻松获得实时的血压大数据。这些大数据会告诉用户其当前的身体状况，从而让用户获得健康指导、科学的用药剂量。而且，这有助于高血压患者主动调节自己的情绪，从而有效控制自己的血压并保持身体健康。

用大数据给自己找到合适的另一半

很多婚恋平台都积极利用不同种类的大数据来提升男女双方的匹配度。“用大数据来找自己的另一半”已经成为了现在最高效的相亲方式之一。

知名婚恋网站百合网的数据显示，我国单身适婚男女接近1.8亿人，他们中的大部分人长期生活在北、上、广等大城市中。很多单身人士并不是不想找另一半，而是不知道如何找或找不到满意的另一半。尤其是一些白领适婚女士坚持追求浪漫的爱情、幸福的婚姻，绝不将就自己，导致自己落单，成为了人们口中的“剩女”。

百合网相亲数据

行为	女性	男性
等待对方回信息的耐心程度	平均时间为8.7个小时	平均时间为8.5个小时
异地恋接受程度	希望伴侣的距离不要离自己太远	偏向于同城
颜值问题	不是很看重对方颜值	通常很看重对方颜值

随着大数据广泛地应用于婚恋中，大数据成为了单身适婚人士的“红娘”。通常情况下，以适婚女士为例，大数据这位“红娘”只需三个步骤就可以帮助其在海量的应征对象中快速筛选出符合其要求的人选。

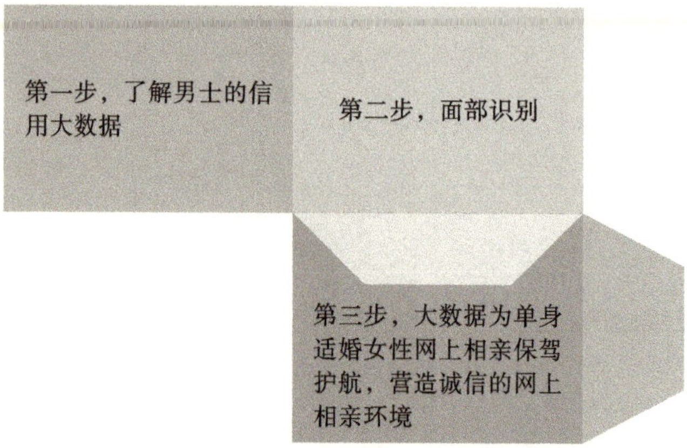

大数据通过三个步骤帮助适婚女性找到如意郎君

（1）了解男士的信用大数据。单身适婚女性通过网络平台、婚恋机构结识的婚恋对象，往往彼此之间没有信任基础，这导致单身适婚女性不敢与对方深入交往。可喜的是，一些婚恋网站开始推出“信用分”功能，还有一些征信组织举办相亲活动并对应征者进行大数据分析。这有利于单身适婚女士了解对方的信用情况，从而快速作出是否与对方交往的决定。

腾讯旗下的某家婚恋网站会给相亲对象评信用星级，以此作为评估相亲对象信用的依据。这里的信用星级就是信用大数据，一般包括用户在金融机构的借贷信用数据和消费行为的非标准数据。信用大数据具有很高的可信度和参考价值，可以促进对方深入交流并增强彼此的信任基础。

婚恋平台通过后台大数据模型计算、多方面审核、严格筛选，就能为应征者挑选出“门当户对”、信用良好的相亲人选。

（2）面部识别。大龄相亲者往往有交往过的对象，通过了解他们交往过的每一位对象的特征，如眼睛大小、头发颜色、脸型轮廓等数据，并分析这些数据，就会发现他们交往过的对象的共同之处。纽约、芝加哥、洛杉矶等大型城市的一些约会网站已经推出了面部识别功能。此功能会利用面部识别技术来分析相亲用户交往过的每一位对象的特征，以此为依据来帮助相亲用户快速找到最佳的相亲对象。之后，专业“媒人”会与用户亲自见面，根据其外貌、性格、家庭情况，为其挑选合适的对象。对于有过交往对象的用户，专业“媒人”还会要求用户提供以往交往对象的照片，以便准确地分析出用户最佳相亲对象的特征，从而为其精准地匹配相亲对象，进而提高相亲成功概率。

随着移动互联网的发展及智能手机的普及，单身适龄用户越来越喜欢在移动端婚恋社交平台上寻找另一半，婚恋网站也不断地加大力度建设移动端。对“90 后”群体来说，他们已进入婚嫁年龄并且有严重的“手机依赖症”。他们将驱动社交 APP 蓬勃发展，也会让用户在网上寻找相亲对象更加便捷，婚恋网站也可以获得更多的用户数据。这样婚恋网站就可以更精准地分析出用户喜欢的对象的特征，从而实现为用户精准匹配相亲对象。

（3）大数据为单身适婚女性网上相亲保驾护航，营造诚信的网上相亲环境，助力单身适婚女性早日找到适合自己的另一半。

网络婚恋逐渐成为了人们相亲的重要方式。但是，网上相亲存在很高的风险。于是，世纪佳缘网决定利用婚恋大数据来营造诚信的网络交友环境。

世纪佳缘网拥有10多年的历史，聚集了海量用户，其注册用户数超过1.4亿，在线促成了1 300万人牵手。在飞速发展的同时，它们也认识到了网络诈骗的危害。世纪佳缘为了感谢广大用户长期的支持与信任，下定决心为用户营造安全的网络交友环境。世纪佳缘近几年不惜投入巨资，不断挖掘大数据来建设智能网警系统。该系统最大的亮点就是新增加了“靠谱度”查询功能。该功能通过智能网警系统加人工审核两重保护，为用户网上婚恋交友保驾护航。

为了杜绝心怀不良动机的用户和虚假信息，世纪佳缘设置了四道防火墙，即人工审核、技术手段屏蔽、网警24小时在线巡查和会员投诉机制。其中，智能网警系统的威力最大。世纪佳缘全新的智能网警系统引入了最新模型数据进行筛查并实时更新，该系统能够智能识别和排查出用户的不正当行为，有效地遏制网络诈骗犯罪，查出了成千上万的“感情骗子”。

由此可见，大数据对于营造诚信的网络婚恋环境起到了显著作用。有大数据支撑的智能网警系统，有助于单身适婚女性通过网络婚恋寻找到如意郎君。

目前，国内还没有关于婚姻状况的数据库，婚恋网站无法查询到用户的婚姻状况。所以，婚恋网站很难全面审核用户信息，传统的网警系统仅仅通过审核用户的基本资料来判断用户是否是感情骗子。世纪佳缘设置的网警智能查杀系统不仅可以严格审核用户的基本信息，还可以通过用户的行为轨迹甄别其是否是骗子。世纪佳缘CEO吴琳光说：“用户的身份证可以造假，但是他的行为轨迹却不能造假。”他举例进行了说明。有一位男性用户填写了自己的基本信息：年龄 30 多岁，有房有车，月薪 2 万元，想找一位四五十岁的对象。我们在分析这些信息后发现，这个人可能存在问题，他为什么不找与自己年龄匹配的二三十岁的女性，而想找一个比自己大一二十岁的对象呢？他的这个行为就称之为“用户行为轨迹”。网警智能查杀系统在一小时内就会锁定这类用户，把其拉入“准黑名单”，然后进行人工审核，并深入分析该用户行为，如果属实就正式将其拉入黑名单。之后，与其交往过的人都会收到该用户被拉入黑名单的通知。即使这个人重新注册信息，他的任何一个字段的属性（如上网地址、QQ 号）如果与之前的信息相匹配，都会被自动拉入黑名单。自从网警查杀系统上线以来，世纪佳缘每天有 5 000 多名图谋不轨的用户被“拉黑”。

婚恋网站上的“感情骗子”无处遁形，让那些真心在婚恋网站上寻找伴侣的人能更高效地找到心仪的另一半。

下篇　大数据的发展趋势与未来

随着大数据应用、大数据营销的迅速发展，大数据已成为互联网业内的关注焦点。业界人士纷纷开始展望大数据的未来，有人预测大数据未来的发展趋势将是超级人工智能。

第七章
未来我们将用数据左右一切

如今，数据的量呈现出爆炸式增长，大数据技术也发展到了前所未有的高度，我们已经被数据包围。大数据开启了智慧城市新生活时代，撬动了能源产业的变革。我们只有积极拥抱大数据，才能胸有成竹地掌控我们的未来。毫不夸张地说，未来我们将用数据左右一切。

大数据开启智慧城市新时代

如今，越来越多的城市开始利用大数据打造智慧城市。例如，咸阳市利用大数据来打造“智慧咸阳”；长春市深入研究大数据，以推进“智慧长春”的建设；湖南怀化市积极利用云计算、大数据建设智慧城市。我们从这些城市的发展规划中可以看出，大数据正在开启智慧城市新时代。

2016年3月，“2016中国（北京）国际大数据产业博览会暨高峰论坛”主办方中国高科技产业化研究会透露了此次论坛的核心议题就是利用大数据打造智慧城市，召开地点为北京的中国国际展览中心，召开时间为2016年9月12—14日，届时将邀请广大专业人士一起深入讨论大数据产业的未来和发展。

大数据促进智慧城市建设的相关话题，连续几年被多名政协委员和人大代表在全国“两会”上提出，每次都能引起民众的热议，成为大家关注的焦点。

2014年全国“两会”期间，全国人大代表、浪潮集团董事长孙丕恕说：“智慧城市的建设离不开两大方面的内容，一方面是要搭建政府公共数据平台；另一方面是面向老百姓提供公众服务平台。只有先完成这两个内容，才能让智慧城市落地生根。大数据是智慧城市的智慧源泉，是智慧城市的基础。离开了大数据，我们所谈的智慧城市就是空架子。”他还指出，建设智慧城市的公共服务平台一定要做到三点，即整合政府跨部门之间的数据、整合政府传统组织内部的数据和适度地开放共享数据。这样做可以大幅提高政府的办事效率。

2015年全国“两会”期间，全国政协委员、神州数码控股有限公司董事局主席郭为提出两项议案，涉及数据开放共享和智慧城市建设。他的第一项提议的主要内容是通过开放共享数据来驱动大数据应用，第二项提议的主要内容是促进智慧城市的持续发展。

2016年全国“两会”期间，政协委员和人大代表积极建言献策，“大数据”和“智慧城市”频繁出现在政协委员和人大代表的建议和提案中。他们的提议内容大同小异，那就是利用大数据促进智慧城市的发展。全国政协委员杨超表示：“‘互联网＋技术’得到了不断提升，城镇化建设进程也加快了，智慧城市建设速度超出了预期，并获得了一些经验。但是，我国的智慧城市建设仍然处于初级阶段，在管理、建设、规划等关键环节仍然需要深入地研究和探索，特别是城市管理方面，要努力提高管理水平。”

由此可见，智慧城市与大数据密切相关。如果把智慧城市比作一座大厦，那么大数据就是这座大厦的地基。从某种程度上来说，离开了大数据，智慧城市就是空中楼阁。

我国的智慧城市发展尚处于起步阶段，我们需要通过集思广益来探索智慧城市的建设之路。经过长期的研究与实践，我们找到了建设智慧城市的三个有效措施。

建设智慧城市的三个有效措施

（1）加大力度建设通信基础配套设施。在城乡建设过程中，政府部门应制定相关行政措施，将通信基础配套设施的建设纳入规划之中，帮助有关部门加速推进城乡无线移动宽带网络全覆盖，早日使无线移动宽带网络下乡、入户、进企业。同时，还应不断地发展免费无线网络，促进商业发展。

（2）加快建设可控的信息安全保障体系。随着大数据技术的飞速发展，用户隐私、网络安全急需得到有效保障。为此，我们需要研究应对之策。建议采取以下三个措施：①大力落实信息安全等级保护制度；②在各领域中加大力度建设安全保障系统；③为了最大程度地减少重大突发事件的发生，改善系统和网络的脆弱性，我们要牢牢掌握基础网络和重要信息系统的控制权。

（3）对智慧城市建设的体制和机制进行创新。市政府首先需要建立协调和统筹领导机制，其次要有明确的绩效考核机制，最后要不断优化项目建设机制。需要强调的是，在新技术应用的发展早期，市政府要发挥引导作用，要给予大力支持，不断地建设社会化和长效化的运作机制，打造由技术研发到产业化再到应用推广全链条发展的扶持模式。

那些最早成为智慧城市试点的城市中，咸阳市取得了显著成效，其最大的成就是实现了城市信息融合，并初步实现了“智慧咸阳”，为城市居民的生活带来了极大便利。所谓的城市信息融合，就是把城市生活相关的全部有效信息聚集在一个平台上，实现用数据说话，用数据管理，用数据方便民生。

“智慧咸阳”为当地居民就医、办事、家庭生活等带来了极大的便捷，尤其让当地居民告别了就医困难。咸阳市推出的咸阳惠民卡又称“一卡通”，居民凭借此卡就可以完成挂号、检查、缴费、取药等环节，为居民就医提供了极大方便。

2016年春节刚过去几天，咸阳市的居民李大爷来到咸阳市215医院就医。他既不带病历本也不带钱包，只带着一张咸阳惠民卡，就轻松搞定了挂号、检查、缴费、取药等事情。原来咸阳实现了智慧医疗，实现了信息共享。现在他所有的病历信息、检查结果、惠民补贴都储存在他的惠民卡中。医生在诊断的时候，只要把惠民卡插在就医系统上，就可以看到李大爷所有的看病信息、检查结果、用药情况，然后医生可以根据这些信息对症下药，并用卡里的钱扣付药费。接下来，李大爷只需要拿着惠民卡到药房取药即可。

咸阳惠民卡是智慧医疗的支撑，如今已经发放了320万张。市民只要持有此卡就可以在本市的信息交换平台和资金清算平台上快速领取惠民补贴、建立电子病历、远程看病、网上挂号就医。

这启示其他城市管理者，积极地利用大数据来打造智慧城市将会使自己的城市得到日新月异的发展，让居民的生活越来越智能化。

以大数据为依据来规划智慧城市将会更加科学，如可以避免人口、工业、交通过于集中带来的环境污染、交通拥堵、房价虚高、就医困难、应急缓慢等“大城市病”，迎来智慧城市生活新时代，使人们享受到更加美好的城市生活。

拥抱大数据，拥抱未来

马云是一位以远见著称的企业家。一般人只能看到两三年之后的事情，而马云却能看到10年后的情况。他曾经说："10年以后，这个世界上最宝贵的资源不是石油，而是数据。谁拥有更多的数据，谁才能实现高速的数据处理，才能挖掘出更大的数据价值，这是未来企业和国家不可或缺的竞争力。"由此可见，无论是企业还是政府，都要重视、积累数据，积极地拥抱大数据，这样才能拥有美好的未来。

阿里巴巴是一家注重积累数据的公司。在大数据时代未到来之前，它们就利用大数据预测到了全球金融危机。由于阿里团队提前采取了应对之策，因此阿里巴巴安全度过了全球金融危机。

阿里巴巴抵御全球金融危机的秘诀就是大数据。马云提前一年就从海量的交易数据中预测到了经济出现了问题，他和他的团队便立刻对公司进行了调整。他们不再把数据处理当作数据的核心，而是认为数据的核心跟未来有关，数据会使未来的世界发生翻天覆地的变化，会远远超乎人们的想象。他们便以数据为依据未雨绸缪，从而成功躲过了全球金融风暴的袭击。

从此，阿里巴巴团队更加重视积累数据，努力提升大数据技术，并不断地以数据为依据制定企业的战略，规划企业的未来，深入地思考10年后的问题，以及10年内应该做些什么。这其中的一个重要决定就是加强大数据的云计算能力。

阿里巴巴团队利用海量的淘宝商户数据率先布局互联网金融，其成功打造的互联网理财产品"余额宝"给银行业带来了创新之风。阿里巴巴的主要业务——电子商务在发展过程中受到了物流方面的严重制约，马云毫不犹豫地利用阿里巴巴的数据打造了"中国智能物流骨干网"，大幅提升了物流业务的效率。从此，阿里巴巴在电子商务中获得了更大的主动权，进一步巩固了其网购零售业务。如今，淘宝网在行业中的领头羊地位仍然稳固。

同时，马云还把数据看作是企业前进的导航仪。阿里巴巴拥有了数据后，不仅在电子商务市场上稳居第一，而且在互联网金融市场中的地位也蒸蒸日上，不仅打造出了“余额宝”，还推出了国内首个消费信用体系“芝麻信用”，它可以在诸多领域为用户、商户提供信用服务，使众多用户享受到了信用的便利，也让更多的小微企业享受到了良好信用带来的好处。

如今，越来越多的企业开始重视大数据，积极、主动地拥抱大数据。各大互联网巨头都开始不遗余力地收集大数据，为未来的持续性发展打下了坚实的基础。

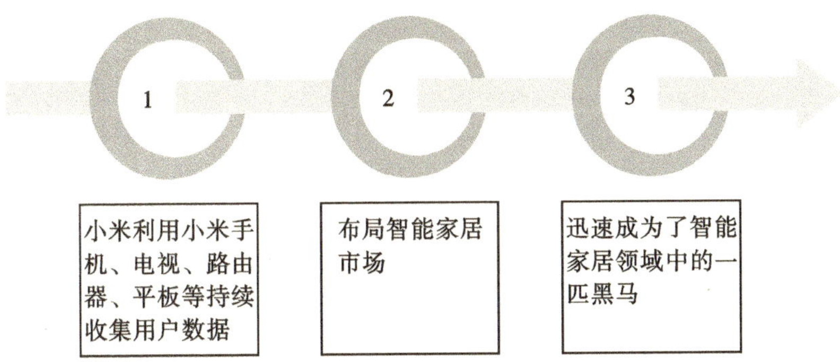

小米拥抱大数据，获得了飞速发展

小米、百度、京东等纷纷拥抱大数据，并获得了持续性发展。小米利用小米手机、小米电视、小米路由器、小米平板等智能终端收集用户数据，进而布局智能家居领域。百度通过搜索引擎、百度知道、百度贴吧等积累了海量的用户数据，进而布局O2O市场，获得了骄人的业绩。京东基于其用户消费数据，打造出了大名鼎鼎的“京东金融”，还积极布局O2O市场，闪电般地推出了“京东到家”。

2016年1月20日，2016全球大数据峰会在北京的国家会议中心成功举行，其主题是拥抱大数据，驾驭未来。此次会议吸引了TalkingData、微软、IBM、阿里巴巴、联想等公司的参与，并做了精彩的主题演讲。联想集团副总裁田日辉说：“大数据可以让我们清楚地知道用户使用设备的情况，包括活动效果的评估等。”TalkingData CEO崔晓波表示，线上和线下数据的不断整合，让数据可以洞察人们的习性和喜好，企业利用大数据进行营销就能更加精准地定位客户，让企业决策有了可靠的数据支撑。TNS&TNS Sinotrust中国区CEO刘锡芸指出，通过大数据的采集和分析，我们可以清楚地知道消费者真正需要的是什么。

从他们的演讲中我们了解到，企业利用大数据能随时随地掌握用户使用产品的效果，可以精准定位客户、作出科学决策、了解用户真实需求等。企业一旦掌握这些数据，就可以为用户量身定制产品，并制定出正确的经营策略，进而牢牢掌握企业前进的方向盘。

大数据撬动能源产业变革

大数据自诞生以来就在不停地影响着人类社会。自兴起时，大数据就引领了产业的变革。智慧家庭大数据将驱动家电产业变革；精准医疗大数据的普及化，正在推动我国乃至全世界健康产业的变革；大数据将驱动传媒产业的变革；大数据还使“互联网 + 文化产业”的变革一触即发等。未来，大数据将撬动能源产业变革。

我们先了解一下能源。传统能源包括煤炭、石油、水、天然气等，新能源包括太阳能、风能、核能、海洋能、地热能等。由于传统能源日益枯竭、污染严重，促使人们研发新能源，于是新能源产业日益兴起。新能源产业是指开发新能源的单位和企业所从事的工作的一系列过程。新能源产业往往污染小、成本低，因此受到了国家的大力支持。很多企业开始布局新能源产业：上海电力携手远景能源加码布局新能源产业；力帆斥资 9 亿元生产电池，全面布局新能源产业；高通盛融布局新能源产业。掌握数据资源的企业纷纷开始利用大数据驱动能源产业变革，能源产业必将迎来变革风暴。

大数据驱动能源产业变革体现在三个方面，即政府、企业和消费者。

（1）政府方面，大数据已经发挥出了一些积极作用，但还比较有限。大数据可以推动能源行业监管协调和能源运行安全预警体系的建立。其中能源运行数据对于政府监管和协调市场很重要，它可以反映出国家能源的运行情况，最大程度地为国家能源运行保驾护航。

另外，政府应该加大与能源企业、报价机构的合作力度，积极搭建能源行业大数据平台，并积极构建贸易、销售、运输、生产的基础数据库，创建能源数据的采集、分析、处理和预警体系，实时了解能源行业的运行现状，从而提高政府对能源行业决策的准确性。

（2）企业方面，大数据对能源企业的作用巨大，主要表现在四个方面：①基于企业内部运行和管理数据，能源企业可以进行智能化管理，快速地分析出企业运行的现状和存在的问题，并迅速地制定出改变现状和解决问题的对策，以提升能源企业的经营效率，还能保障能源企业的正常运营和稳定供应资源；②能源企业主动、积极地利用大数据资源可以科学地分析出资源和市场的现状，能科学地规划能源生产和有效配置资源，进而降低能源企业的经营成本和因决策失误造成的损失；③基于客户提供的信息数据，能源企业可以全面地分析和掌握客户的消费行为，科学管理能源用户，深入研究市场需求，合理调整能源供应结构，进而提高能源的使用效率；④基于能源市场上权威播报机构的数据，能源企业可以对市场运行动态了如指掌，尤其能根据市场价格变动数据签订合理的市场交易合同，不断推动能源行业市场化改革。综上所述，大数据可以驱动能源企业智能化、科学化的运营管理，以及能源行业市场化的发展。

（3）消费者方面，能源行业的大数据能引导用户合理消费能源，促进用户科学、高效地进行需求侧管理。例如，需求侧是相对于供给侧而言的，电力需求侧管理是指对用电一方实施的管理。同时，用户可以根据大数据信息资源，及时了解自己每天的能源使用量和费用，并对自己的能源消费量和费用进行调整，从而降低自己使用能源的成本，减少能源浪费。

我国能源行业大数据发展尚处于初级阶段，需要不断地挖掘其价值，助力能源产业朝着环保、节能的方向发展。为此，我们需要不断地促进能源行业与大数据的融合，让能源大数据有力地支撑国家能源产业的发展。在众多能源行业中，电力行业率先与大数据融合，促进了电力行业的变革。尤其是在企业“协创”平台建设与行业知识大数据应用研讨会上，能源行业的专家、领导就大数据知识应用于行业创新的必要性和可行性、企业大数据管理与协同创新等话题进行了深入探讨。

企业“协创”平台建设与行业知识大数据应用研讨会于2015年9月25日在南京东南大学召开，主办方是同方知网（北京）技术有限公司江苏分公司。此次会议邀请了江苏省电力公司、南京市城市规划管理中心、江苏石油勘探局等行业的专家和领导参与，并受到了网络通信、建设、能源、交通等行业的专家和领导的高度关注。此次会议最终圆满召开，与会专家和领导达成一个共识，“机构知识管理与知识服务平台”（即中国知网“协创”平台）使能源、建设、交通、网络通信等国民经济基础产业加快大数据知识信息的集成管理与高效利用，是打造全民参与的协同创新体系的新平台。

此次会议明确了大数据与能源产业的关系，认识到了大数据对能源产业的驱动作用。能源电力产业凭借较高的信息化发展水平、资本密集程度，成为能源行业中进行大数据应用的排头兵。一些专家认为，能源电力行业应该主动适应和引领大数据变革。

中国人民大学环境政策与环境规划研究所副所长傅毅明在企业“协创”平台建设与行业知识大数据应用研讨会上说：“大数据作为重要的生产要素，是能源电力行业发展转型的重要支撑。”具体表现在两个方面：（1）大数据能驱动能源电力产业管理变革，能够实现资源高效配置，如能耗（电力）在线监测系统，能使家庭、企业达到节能减排的目的；（2）大数据应用可以增强国民经济的监控能力，参考能源电力系统的运行数据，有关部门可以及时了解国民经济运行的情况。例如，企业耗电量增大，说明企业运行的设备增多；企业的业务量增大，说明企业发展兴旺。有关部门据此可以及时地研究宏观调控政策，引导经济持续、健康地发展。

电网业务数据的三大类型

如果我们能充分地利用电网的实际数据，就有利于推动智能电网的发展，使新一轮的电改更实用、更节能减排。利用大数据还能检测出相关政策能否促进智能电网的发展。在新一轮电改政策的试行阶段，我们经过分析、检验，证明大数据能够有效推动电改、促进智能电网发展。

关于大数据撬动能源电力产业变革，我们还应该关注如何促进能源电力产业与大数据高效结合发展。我们经过深入探究，认为应该从两个方面着手：（1）加快能源电力行业内部的大数据资源建设，打造技术精湛的大数据服务商，保持能源电力行业在大数据应用和“互联网+”时代的领先地位；（2）促进能源电力行业大数据资源与国民经济其他行业大数据资源的交换共享，建设能源经济运行大数据监控平台，更好地服务公众、企业、各行业、各级政府等。

能源电力是企业经营中的重要支出项目，节能减排对于每一家企业的发展都具有深远意义。随着大数据的不断增加，大数据技术也得以迅速发展，而能源电力行业主动进行大数据变革，也将会推动其他能源行业的变革。

交通大数据引领未来城市的发展

城市的发展离不开畅通无阻的交通的支持。然而，道路拥堵已成为很多大中城市的痛点。交通拥堵状况长期得不到有效改善，必将阻碍城市的发展。于是，人们通过研究海量的交通大数据，找到了城市发展的新出路。

交通大数据可以引发我们思考大城市交通状况该不该治理。我们可从上班高峰时期的主干道时速、城区面积、城区人口、公交车数量、上班出行距离和时间多个维度来了解北京、上海、广州三座城市的交通发展情况。北京、上海、广州上班高峰时期主干道平均车速都不到25公里/小时，其中北京最低，不到20公里/小时。截至2014年，北京、上海、广州的城区面积和人口数量远远高于其他城市，北京的城区面积为

16 410 平方米，人口达 2 152 万人；上海的城区面积为 7 037 平方米，人口达 2 426 万人；广州的城区面积为 7 434 平方米，人口达 1 308 万人。这三座城市的公交车和民用车保有量都很庞大，其中北京的民用车保有量最多，已接近 500 万辆，上海的公交车保有量最多，即将达到 6 万辆。在交通分担率方面，北京、上海、广州三座城市公交车所占的比例较大，其次是个体机动车。在上班出行距离方面乘坐公交平均路程北京居首，接近 25 公里，驾车路程也是北京居首，平均路程长度接近 20 公里。由于上班出行的路程长，所用时间也较长，因此北京、上海、广州三座城市的上班出行时间平均为 1 个小时。公交车时速低、上班路程长、上班时间长，会影响一座城市的道路健康发展，是城市发展中迫切需要解决的问题。

城市发展过程中产生的交通拥堵问题，受到了所有人的关注。早在几年前，人们就开始探讨城市发展的新出路，研究交通大数据，并根据交通大数据研发出了一些应用。那些拥有海量交通大数据的企业带头开发出交通大数据应用，如高德地图、百度地图推出了躲避交通拥堵功能，一些创业者还推出了“智能公交”“车到哪”等应用。这些大数据应用为人们的出行带来了便捷，缓解了城市的拥堵，为城市的发展带来了曙光，并有可能引领未来城市的发展。于是，人们开始进一步探索如何用交通大数据来促进城市发展。

一些城市主动探索如何利用交通大数据引领城市发展。例如，青岛市专门成立了青岛都市公共交通研究院，一边研究一边实践用交通大数据来促进城市发展。又如，上海首次开放地铁等十类交通大数据，征集城市拥堵解决方案。可见，人们已洞察到交通大数据与城市发展息息相关。其中，青岛市在这方面下的功夫最深。

2015 年 6 月，国有大型交通产业集团交运集团（青岛）投入大量资金成立了青岛都市公共交通研究院，主要目的是为青岛市打造公交都市和智慧交通服务，努力满足城市公共交通智慧化、科学化发展的需要，探索公共交通线网优化，解决道路拥堵和产业节能减排的问题。

研究院梳理了青岛市城市公共交通发展史，并调查了所有青岛市的线路分布情况、公交站站点数量等，填补了青岛市公共交通研究机构的空白。做这些工作的目的是为了建立大数据库，进而为青岛市公共交通行业科学决策提供信息依据。还有一个重要目的，就是根据交通大数据洞察、梳理青岛市交通拥堵的根源，从而“对症下药”地解决青岛市的交通拥堵问题，进而促进青岛公交都市的创建。

该研究院注重学、研有机结合，促进青岛市公共交通朝着健康、可持续的方向发展；为青岛新区“高端定制”公共交通体系，避免主城区的交通拥堵情况出现在新城区；曾经制定了蓝色硅谷交通规划的蓝色交通发展方案。在做蓝色硅谷公共交通体系的建设规划时，该院的工作团队成员对现场进行了不少于 30 次的调研，还基于蓝色硅谷未来的机构布局、人口分布预测出人们的出行特征，进而利用大数据分析创建数学模型，进行综合交通体系设计。预计山东大学落户青岛市后，蓝色硅谷中的凤凰山谷会成为第一个人口密集的区域。基于此，它们规划了温馨的巴士线路，并于山东大学 2016 年新生开学之前投入使用，从而解决凤凰山谷常住人口的出行难题，为新城区量身定制公共交通系统，为新城区的发展提供有力的基础交通保障，实现城市品质的提升、城市的飞跃发展。

城市拥堵现象越来越严重，相关部门使出了浑身解数，推出了限号、限购等政策，效果却不尽如人意。这迫使我们必须不断地探索解决城市拥堵问题。该研究院的研究和实践证明，利用先进的公共交通规划引领城区规划，优先发展公共交通，是治理城市交通拥堵、促进城市发展的根本办法。以全面的、准确的交通大数据为依据，我们可以制定出科学的城市公共交通规划方案，有力地支撑城市的长足发展。

城市管理者要想利用交通大数据促进城市的长远发展，就离不开海量的城市交通大数据的支撑。目前，获取城市交通大数据的途径主要有以下五个。

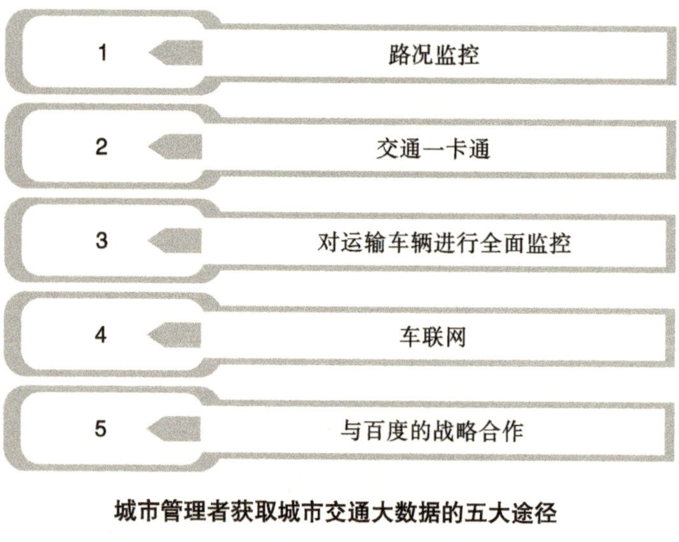

城市管理者获取城市交通大数据的五大途径

（1）路况监控。国家投入巨大资金监控道路。广州市综合处理服务平台的相关数据显示，其每天新增的城市交通运营数据突破了 12 亿条，每天处理的数据量超过了 150 GB，最高时可达 300 GB。再如，重庆市每日高速公路视频监控数据高达 50 亿条。这些路况视频监控数据，对于交通部科学规划城市道路、高效指挥城市交通具有重要参考意义。

（2）交通一卡通。目前，很多城市都推出了交通一卡通，北京就是其中的典型代表。用户所持有的一卡通与交通局的终端系统联网，这样交通部门就可以准确地统计出每天乘坐地铁的人数，每个人换乘的线路。有了这些数据，交通部门可以科学地规划地铁路线，调整地铁的发车间隔时间，促进城市交通畅通，从而为城市形象加分。

（3）对运输车辆进行全面监控。我国已经实施《道路运输车辆动态监督管理办法》，建立了运输车辆的车联网系统，可以把每一辆运输车与 GPS 卫星连接起来。这样交通部门可以时刻监控运输车辆的行驶路线，科学地规划城市交通线路。

（4）车联网。车联网得到了普及，车辆上搭载车联网系统，不仅可以让用户获得安全、智能、便捷的服务，交通部也能随时随地获取车辆的出行数据。

（5）与百度的战略合作。百度曾主动向交通运输部开放自己的地图，目的是为了拓宽自己的交通大数据渠道。交通部门接入百度地图，可以获得百度的丰富数据资源。统计数据显示，百度地图每天的请求次数高达 70 亿次，能够产生海量的用户出行数据，进而生成百度迁徙图。交通部门参考百度地图、百度迁徙图，可以提高交通出行数据的准确性，获得可靠的参考样本，以提高交通部门所作决策的科学性和正确性。

那么，这些交通大数据在城市发展中如何发挥价值的呢？其主要用于城市交通决策中，具体体现在以下三个方面。

（1）辅助交通规划决策。在没有推出城市一卡通之前，公交网络进行公交起止点调查和数据收集需要投入巨大的人力和财力。城市一卡通推广之后，公交网、交通部的决策者可以一目了然地看到更全面、更精确的数据，如果再对拥堵路段、车辆拥堵时间等数据加以分析，就能作出有效的公交车线路调整、增加或减少乘站的决策。

（2）预测群体出行行为。百度地图根据自己和交通部等渠道的海量交通数据，可以提早两周预测出一个城市群体出行的态势，包括出行方式、出行路线、出行时间，从而为城市交通管理者进行车辆调度提供可靠的决策依据。

（3）打造智能公交。很多城市已经开始推广智能公交项目。交通部根据GIS地理信息系统技术、4G通信技术等实时监控公交车的行驶情况，进行智能公交调度，可以提高公交车的使用率，从而有效地缓解城市交通拥堵情况。一些企业与交通部合作，用交通大数据打造智能公交手机APP，可以为用户提供公交的行驶动态及到站时间，这为城市居民乘坐公交车出行带来了便捷，深受人们的喜爱。

不断积累、挖掘、应用交通大数据，能够让城市的交通发展更健康，交通大数据引领未来城市发展的美好愿望定能实现。

第八章
寻找数据新蓝海

大数据方兴未艾，我们只有牢牢抓住数据，才能不断地开拓出新蓝海。从某种程度上来说，数据就是我们赢得未来的筹码。因此，企业家、创业者要坚持不懈地积累数据，为寻找数据新蓝海打下坚实的基础。

用大数据打造创意农业

如今，不仅互联网企业利用大数据进行创新，就连传统的农业也开始与大数据融合，积极地利用大数据来响应“大众创业，万众创新”的口号。现在，很多人开始尝试用大数据打造创意农业，促进传统农业的快速转型和升级。

在了解大数据打造创意农业之前，我们需要先明确两个问题：何为创意农业？创意农业与传统农业有何区别？

创新发展农业技术，拓展农业功能，催生了休闲农业、观光农业、生态农业和精致农业。后来，人们借助创意产生的逻辑思维和发展理念，把科技和人文要素融入了农业生产之中，然后拓展农业功能、整合资源，从而将传统农业发展为集生产、生活、生态为一体的现代农业，这就是我们所说的创意农业。

传统农业往往只能带给农民农作物的收成，而创意农业不仅能带给农民农作物收成，还能够让农民获得其他收入。因为创意农业不仅能创造食用价值，还能创造娱乐、观赏、审美、文化、科技等价值。据此，创意农业可分为五大类型，即娱乐型、观赏型、审美型、文化型和科技型。创意农业可以大幅提升农民收入，是发展新农业的有效生产手段。

下面以浙江省湖州市吴兴区的创意农业为例，来说明创意农业的魅力和价值。

浙江省率先发展创意农业，湖州吴兴区的两个省级现代化农业综合区八里店和南太湖成为了试点，这两个综合区总共有20余个基地。湖州吴兴区把这些基地打造成融产品质量监管系统化、产品销售电子化、技术指导远程化、生产智能化为一体的“智慧农业”体系。

例如，丰溢水产养殖基地的管理员老张，不用经常到鱼塘巡逻，更不需要守在鱼塘前，只需要坐在智能操作室，通过电脑就可以一目了然地了解每一个鱼塘的基本情况，而且能了解的很细致，如鱼塘的实时画面、溶氧量、PH值等。高科技的检测设备可以随时随地地监测、收集青鱼的生长数据，以此作为科学化水产养殖的参考依据。这使整个基地的效益和产值得到了成倍的增加。最令人兴奋的是，养殖池塘调解温度、自动灌溉、土壤施肥、投放饲料、池塘增氧等工作不再需要由专门的人员到养殖池塘去完成，只需要管理者拿出手机，简单地操作几下就可以搞定，实现精确管理。

吴兴区打造的“智慧农业”信息化服务平台不仅提升了养殖工程的效益，还大力推动了玲珑湾、丁莲芳、老恒和等 20 家农业企业的转型和升级。这些农业企业基于“智慧农业”平台拓展了业务，开始发展生鲜农产品 B2C、O2O 业务，这促进了当地农业产业的发展。2015 年上半年，吴兴区农业网上的零售额达 1 000 万元，相关机构还为这 20 多个基地安装了生产智能控制系统，从而减少了 30% 以上的劳动力。

吴兴区的农业企业借助“智慧农业”平台，实现了向“互联网 + 农业”快速地转型和升级，它们都是创意农业的典范。丰溢水产养殖基地引进高科技的检测设备，持续地收集养殖过程中的所有数据，这些数据反过来又成为丰溢水产养殖基地进行科学化养殖的参考依据。丰溢水产养殖基地打造出了科学化、智能化的水产养殖基地，极大地节省了劳动成本，有效地提高了工作效率。

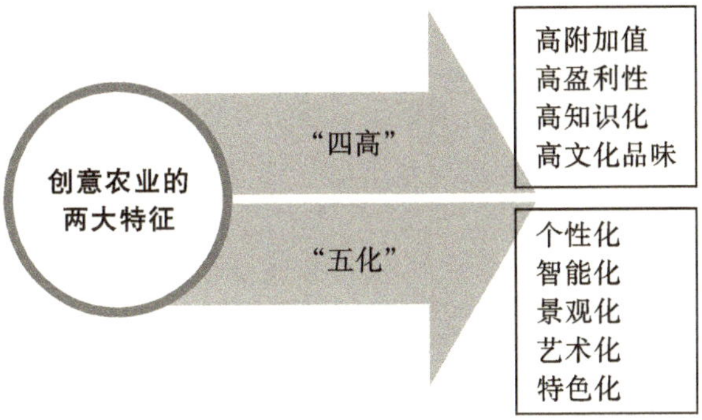

创意农业的两大特征

我国创意农业理论创始人章继刚认为，打造创意农业需要从三个方面入手：（1）关键技术方面要有突破，包括农产品药残快速诊断检测、精准监测控制、人工智能生产等；（2）建立健全的食品质量保障技术体系。这需要我们积极地进行农产品质量方面的技术创新，引进条码、数据库管理、现代网络等技术，实现一键查询食品的生产、加工、包装、运输、存储及销售的所有环节；（3）挖掘农业大数据。农业大数据能精确计算农业资源之间最优化配置模式，发掘农业资源之间的搭配关系与发展潜力，同时也可以为“三农”服务、政府决策提供科学依据。

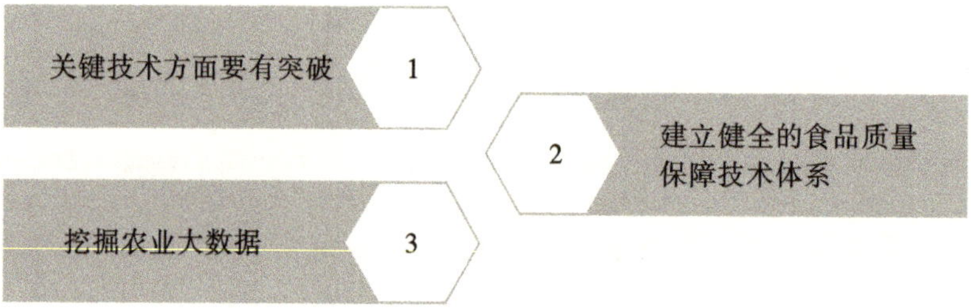

打造创意农业要从三个方面入手

发展创意农业需要三个步骤：（1）要突破四大领域的关键性技术，这四个领域包括移动互联、农业云服务、精准农业和农业物联网；（2）搭建农业大数据分析应用平台；（3）要收集、运用数据来建设个性化、智能化农产品现代物流技术体系。我们可以通过检测市场、消费、资源、环境、农业生产过程，以此获取农业的相关数据。通过把握数据的积累整理、数据的储存管理、数据的计算处理、数据的分析、决策支撑等环节，大力支持农业精准化管理，从而尽快完善个性化、智能化的农产品现代物流技术体系。

构建现代农业物流网络体系可以有效提高农业大数据的研究和应用服务能力，能早日使农业大数据走进农家、田园、企业、市场，进而驱动农业大数据事业的蓬勃发展。

DT时代，通信行业的黄金发展期即将来临

什么是DT？DT就是数据技术，它与IT是相对应的，马云曾说："人类已从IT时代走向DT时代。"以前企业的宗旨是要做好IT，现在是要做好DT。在IT时代，我们都是以自我为中心，而在DT时代则是以他人为中心。只有成就他人，你才能够成功，这是一个颠覆以往思想的变革。

从IT到DT的转变，不仅仅是技术的转变，也是思维模式以及营销理念的转变，以前考虑的是"我如何能够成功"，现在考虑的是"别人如何成功"，这样身份的换位让我们摆脱了固有的思维模式。从互联网到"互联网+"的转变，从IT时代到DT时代的转变，时代在不断变化，经营方式与经营理念也在不断变化，而这个时期，通信大数据也将迎来黄金发展期。如果问最大的数据库在哪里，我想所有人的回答都是通信行业。具有庞大大数据资源的通信行业正在努力抓住从IT时代向DT时代演进的机遇，并因此迎来了更多的投资机会。

根据爱立信的报告，到2020年，大数据的产生量将是目前产生量的10倍之多，这也预示着大数据将带给我们无限的发展空间以及机遇。通

信大数据已经向黄金时代货币化进程演进，通过近几年的数据可以看出运营商对于大数据的布局是有明显成效的。据估计，仅运营商大数据市场规模在2016年将达到100亿元，这组数据表明早期与运营商有深入合作的厂商有望随着通信大数据货币化进程的全面起航而有更大的机遇与发展空间。

国外一家电信公司发现自己的业务量不断下滑，于是公司召开紧急会议，分析是什么原因导致公司在同行业里的竞争力竟然逐渐丧失。它们采用数据技术进行分析，结果它们发现很多客户由于经济以及家庭等原因作出了退订业务的选择。它们分析用户信息发现，高收入人群的业绩退订量最多，也最频繁。其分析结果是他们大多数由于工作忙而不经常回家，而且移动电话已经成为他们的生活必需品。那么，如何才能成功挽回这些用户成了该电信公司的一大难题。后来通过数据发现，用户在家一定会上网，于是它们对客户的信息再次分析，并得出结论，一定要将固话与互联网相结合才能挽回客户。事不宜迟，该电信公司快速制定方案，然后推出了固话与宽带绑定的优惠套餐，这一方案果然有效果，套餐推出后的第二个月便有了成效，该电信公司的业务量同比上一年上涨了24%，宽带业务量也比上一年同期高出了17%。

其实，任何一家企业都可以运用DT找到发展方向和机遇。在国内，深度运用数据挖掘的行业主要有银行、保险和移动通信。就移动通信行业来说，深度挖掘数据体现在套餐的定制、优惠套餐分析、客户群体分析，以及客户流失信息分析等，这些都能表现出数据对于企业的重要性。

第八章
寻找数据新蓝海

在 DT 时代，移动通信行业面临着巨大的压力。在竞争激烈的市场中，数据技术的广泛应用，使得看似安全的信息网络背后蕴藏着各种隐患。对于拥有庞大数据信息的通信行业来说，数据技术的不断进步发展令它们又喜又忧。喜的是因为数据技术的进步会使通信行业拥有更加准确的分析与发展方向，忧的是因为数据技术的进步会使看似安全的数据库随时有被盗取的可能。

众所周知，每一次变革都会给企业带来新的挑战和机遇，移动通信行业也不例外。一些高瞻远瞩的业界人士对移动通信行业充满了信心，他们认为移动通信行业在 DT 时代将迎来黄金发展期。研究数据显示，自 2014 年年底以来，运营商大数据逐渐驶入变线快车道。业界人士曾粗略地估计仅运营商大数据市场规模就增加飞速，2015 年达到 30 亿元，2016 年达到 100 亿元。因为移动通信行业拥有 6 亿多手机用户，这些用户的特征成为运营商大数据的价值所在。可以说，DT 时代赋予了移动通信行业前所未有的发展机遇：宽带业务、流量、支付业务、智能产品、行业应用等。通信企业掌握着三种数据能力，即大数据库技术能力、数据资源整合能力和应用场景实现能力，这使移动通信行业可以及早地进入黄金发展期。研究预测表明，有能力且已经与电信运营商深入合作的第三方将迎来黄金发展期，尤其是早期就与运营商在商业智能和数据应用方面进行深入合作的厂商，其发展黄金期的大门将全面开启。

1 荣之联对标Splunk拥有车联网信息、与运营商合作，并与自有IT规划、云计算、数据中心等业务整合，其“云计算+大数据”布局已成格局，获取数据能力和数据分析能力不断增强，运营价值逐步显现。

2 东方国信公司已经构建从大数据库技术能力到大数据资源整合，再到大数据应用布局的链条，逐步树立门槛，在应用场景方面也已经走在前列，业绩增长持续。

3 烽火通信对标公司Palantir烽火星空，凭借其电信级数据采集信息提取能力和海量PB级别大数据分析处理能力，并遇到宽带降费政策，将持续受益。

移动通信行业中三家通信企业表现突出

移动通信行业里的企业纷纷积极地拥抱DT时代，大力提升自身大数据库技术能力、数据资源整合能力和应用场景实现能力，这可以创新业务模式，加速向互联网转型，快速迎来黄金发展期，赚得盆满钵满。

超级人工智能，大数据未来的发展趋势

EverString的创始人曾在采访中表示：“未来，行业将发生结构性变化，并且也会从大数据分析转化为人工智能决策。”说到大数据，给人们的感觉首先是“大”，其实大数据本身并不大，而是它所蕴含的能量是巨大的。

第八章

寻找数据新蓝海

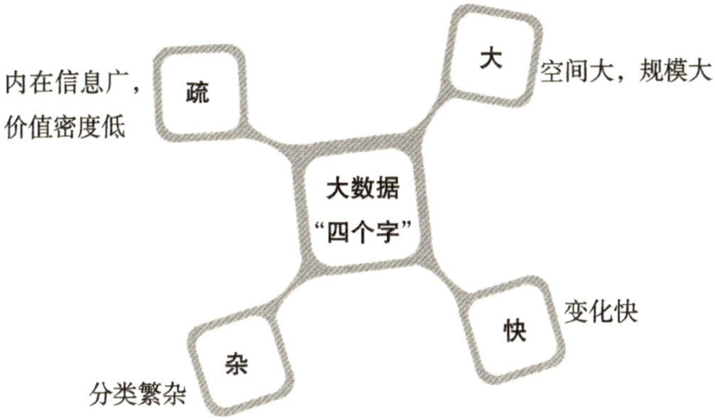

四个字概括大数据

大数据可以用四个字概括，即“大”“快”“杂”“疏”。“大”是指空间大，规模大，看似简单的数据，通过分析就会变成一个巨大的信息库；“快”是指变化快，大数据是由无数个小数据组成，而每一个小数据都在随时变化着，每一个数据变化在大数据中都有其独特的存在价值；“杂”是指分类繁杂，每一个信息中都包含着各种各样的数据，而这些数据都相同；“疏”是指内在信息广，价值密度低，因为每一个数据蕴含着不同的信息，而且这些信息所显示的内容也都不相同，没有规律可循，其所产生的价值也就相对较低。

企业要想通过对大数据的分析产生价值，首先要有精准的判断力和深入渗透的能力。例如，百度和谷歌，它们通过对用户浏览行为的分析，可以为用户提供准确的个性化搜索；淘宝网和亚马逊可以通过对用户购物习惯的分析，以及对地区性、季节性等的分析，可以为用户提供精准的商品推荐。很多大型企业都会通过对用户的精准分析而提供贴心的服务，这不仅能够带动企业的经济效应，同时也能够得到更多的数据信息，让大数据更加完善。

现在很多企业都选择大数据分析公司，或是由大数据软件进行分析。如今，科技的不断进步让很多原本人工作业转变成了机器作业。大数据软件虽然还在初期发展阶段，但是未来它将能够随着数据的变化而不断产生新分析数据，不再需要人为操作，未来，机器将根据用户的需求而自动产生信息，随时了解用户需求，随时为用户推荐产品。

2015年10月，富士通研究开发中心有限公司与富士通研究所共同研发了手写文字识别技术，其识别率达到了96.7%。通过该项技术，有望实现人工智能输入操作和确认工作。此项技术成功颠覆了传统识别技术，传统识别技术只能简单地识别文字、图像以及声音等，其在传送过程中可能会发生模糊、变形等变化，甚至有时变形为相似体，导致计算机很难识别其特点。

新技术的开发不仅能够准确地识别文字、图像以及声音等，未来还可能代替相关安全识别作业。未来二维码扫面可升级为三维码扫面，而传统的适用于二维变形技术的应用会升级为三维随机变形的文字样本生成技术。

随着大数据时代的到来和人工智能技术的发展，计算机软件将成为我们工作和生活中密不可分的伙伴，它能够通过对互联网信息的处理和匹配进行精准、高效的判断。

未来，大数据将成为企业的核心竞争力。

好书推荐

基本信息

书名：《大数据思维与决策》

作者：【美】伊恩·艾瑞斯

定价：45.00 元

书号：978-7-115-37065-5

出版社：人民邮电出版社

出版日期：2014 年 10 月

推荐理由

★ 大数据时代奠基之作，*Super Crunchers* 的中文升级版。

★《经济学人》十大好书、《纽约时报》畅销书。

★ 诺贝尔经济学奖获得者肯尼斯·阿罗，《魔鬼经济学》作者史蒂芬·列维特联袂推荐。

★《纽约时报》《经济学人》《福布斯》《连线》《发现》《Protfolio》等十余家权威媒体合力推荐。

名家和媒体评论

伊恩生动而严谨地描述了定量分析和大数据决策方法的运用……社会科学家和商界人士在享受阅读乐趣的同时都可以从本书中获益。

肯尼斯·阿罗（Kenneth Arrow），诺贝尔经济学奖得主，斯坦福大学荣誉教授

在过去，直觉和经验主导着我们的生活。如今，时代变迁，游戏的名字已改为大数据分析。伊恩·艾瑞斯在这本奠基之作《大数据思维与决策》中告诉我们更名换代的原因以及变化的形式。这本书不仅充满了阅读的乐趣，而且能改变你的思维方式。

史蒂芬·列维特（Steven D. Levitt），《魔鬼经济学》作者

伊恩认为，人类总是过于高估自己的直觉，而很少去倾听身边数字所发出的声音……书中最有趣的故事就是，伊恩和各位经济学家运用大数据分析解决葡萄酒评级、法官审案或失业率核算等问题……伊恩就是一位数据侦探，完成了令人惊喜的研究。

《纽约时报》